스마트워크 바이블

시간, 공간, 사람의 한계를 뛰어넘는 일터 혁신 전략

스마트워크 바이블

ⓒ 최두옥 2021

1판 1쇄 2021년 1월 18일
1판 2쇄 2021년 5월 10일

지은이 최두옥
펴낸이 유경민 노종한
기획마케팅 1팀 우현권 **2팀** 정세림 현나래 유현재
기획편집 1팀 이현정 임지연 **라이프팀** 박지혜 장보연
책임편집 이현정
디자인 남다희 홍진기
기획관리 차은영
펴낸곳 유노콘텐츠그룹 주식회사
법인등록번호 110111-8138128
주소 서울시 마포구 월드컵로20길 5, 4층
전화 02-323-7763 **팩스** 02-323-7764 **이메일** info@uknowbooks.com

ISBN 979-11-90826-33-4 (03320)

시간, 공간, 사람의 한계를 뛰어넘는 일터 혁신 전략

SMART

스마트워크 바이블

WORK

최두옥 지음

Bible

유노
북스

추천사

마침내 세계 스마트워크를 선도해 온 전문가의 책이 세상에 나오는군요. 최두옥 디렉터는 글로벌 관점에서 10년 이상 스마트워크의 이론과 실천을 연구하고 발전시켜 온 전문가입니다. 저자는 일하는 방식의 변화와 조직 혁신의 모든 면을 균형 있게 고려하고, 스마트워크에 대해 진실하고 진지하게 접근합니다. 그리고 누구나 이해할 수 있는 방식으로 소통하려고 노력하죠. 제가 저자에 대해서 매우 높이 사는 부분입니다.

Finally a book from one of the world's leading Smart Work pioneers and champions! Agnes has researched and developed approaches to Smart Work for more than a decade, internationally. What I love about Agnes' approach to Smart Work is that she is serious about it, and always contributing to making it more well-understood, while taking all the many facets of "new work" and organizational transformation into account.

닐스 플레깅(독일 경영 컨설턴트, 《언리더십》 저자)

"일과 삶이 서로 배반하지 않는 삶을 살고 싶다"라는 어느 강연자의 말이 인상 깊었다. 일과 삶을 분리해 저울질하던 생각은 이제 낡은 것이 됐다. 인생 절반 이상의 시간을 일해야 한다면, 일하면서 행복하지 않은데 어찌 삶이 행복할까? 따라서 '어떻게 일해야 하는가'는 곧 '어떻게 살 것인가'에 관한 질문이다. 그리고 그 답이 이 책에 있다고 나는 확신한다. 독자로서뿐만 아니라 저자와 함께 일해 본 자만이 말할 수 있는 확신이다.

구범준(〈세상을 바꾸는 시간, 15분〉 대표 PD)

스마트워크라는 용어가 나온 지는 이미 꽤 오랜 시간이 흘렀지만, 이를 심각하게 생각하고 많은 기업이 본격적으로 도입하기 시작한 것은 코로나19 이후의 일이다. 완전히 바뀐 새로운 업무 환경에 공간뿐 아니라 업무 역량과 리더십, 일에 대한 의미까지 새롭게 생각해야 하는 시기에 최고의 전문가가 제대로 된 입문서를 출간했다.

정지훈(EM.Works 대표, 경희사이버 대학교 선임 강의 교수)

초밀집 접촉 사회, 근무 태도와 일에 투입하는 시간이 성과 평가에 상당한 영향을 미치는 우리 사회의 정서적 특성에 의해 지난 10여 년간 많은 경우 '스마트워크'라는 주제는 기술적으로 구현은 됐지만 정서적, 현실적으로 진정한 실현은 못 한 채 오랜 과도기를 거친 듯하다. 갑작스러운 단절을 요구받았던 코로나19의 경험을 거친 지금, 우리 사회에도 새로운 일하는 방식이 도입 가능하다는 희망을 조심스레 갖게 된다. 그러나 처음 운동을 시작할 때 안 쓰던 근육을 사용하면 불편하듯이 우리의 '스마트워크 근력' 또한 실제로 시도하고 불편함을 이겨 내고 내 것으로 만들지 않고는 절대 앞으로 나아갈 수 없다. 이런 시기에 스마트워크의 이론과 실제에 대해서 오랫동안 고민하고 많은 기업과 개인에게 영감을 준 최두옥의 저서는 제도와 툴뿐만 아니라 정서와 행동 변화 같은 화학적 변화까지 진정한 스마크워크의 실현을 위한 훌륭한 가이드가 될 것이라 믿는다. 지식 노동자의 생산성은 결코 단위 시간에 비례하지 않기에, 이 책이 대한민국의 일하는 방식과 일하는 사람들의 만족감과 생산성 향상에 큰 역할을 할 것으로 기대한다.

유현경(한국마이크로소프트 상무)

우리가 이제 공간의 제약이 없이 지구 어디에 있는 사람과도 바로 연락하여 옆에 있는 것처럼 서로 소통하고 일할 수 있다면 인류는 또 다른 혁신을 이룰 것이다. 더군다나 스마트워크의 개념으로 더 효율적으로 일한다면 우리는 초인류로 나아갈 것이다. 최두옥 대표의 책은 누구나 꿈꾸던 이 일을 실현할 수 있는 주체적인 방법을 제시한다. 정말 초일류 기업으로 나가기를 원하는 모두에게 필요하고 또 현업에서 바로 적용할 수 있는 내용을 담고 있다. 특히 이러한 환경에서 회사를 이끌기 위해서는 새로운 리더십이 필요한데, 모든 리더에게 꼭 권하고 싶은 책이다.

김성훈(업스테이지 대표, 홍콩과학기술대학 교수)

국내외의 스마트워크 경험과 통찰을 총망라한 첫 번째 책을 볼 수 있어서 무척 반갑다. 코로나19로 인해 온 세상이 전대미문의 속도와 크기로 변화하고 있고, 모든 조직은 더 이상 이전의 일하는 방식이 작동하지 않을 것을 깨닫고 있다. 하지만 재택근무 채택 여부, 공간 재배치, 온라인 회의 시스템 도입 방식 등을 고민하는 수준에 그치는 것이 실제 현실이다. 국내 유일의 스마트워크 디렉터로서 10여 년의 경험을 쌓은 최두옥 저자는 공간 재설계 수준에서의 스마트워크 개념에 그치지 않고 더 많은 기업에서 새로운 업무 시스템을 도입하고 성공적으로 운영할 수 있도록 다양한 사례와 인사이트, 도입 방법까지 전체적인 관점에서 접근하고 있다. 많은 기업과 리더들이 이 책을 통해서 포스트 코로나 시대에 가장 필요한 경영 전략을 얻길 기대한다.

황성현 (퀀텀인사이트 대표)

10년 전 미국에서 일하면서 일반화가 된 재택근무 문화에 놀랐습니다. 그런데 한국에 돌아와 보니 대면 중심 업무 문화 때문에 원격 근무는 요원한 일이라는 생각을 했습니다. 전 세계에 코로나19가 확산되면서 순식간에 이제는 한국에도 원격 근무가 일상화됐습니다. 빠른 변화에 현기증이 날 지경입니다. 급격하게 변화하는 환경에서 기업 경영자나 직장인은 어떻게 적응해야 할지 곤란을 겪고 있습니다. 이런 맥락에서 최두옥 디렉터의 스마트워크는 큰 의미가 있습니다. 이 책은 업무 방식의 변화를 어떻게 받아들이고 잘 적응할 수 있는지에 대한 팁부터 조직 운영, 리더십, 업무 역량 강화까지 현장 경험을 바탕으로 지식과 통찰을 담았습니다. 포스트 코로나 시대에 적응해야 할 분들에게 추천합니다.

임정욱(TBT 대표)

"왜 우리는 매일 지옥 같은 출근길을 경험해야 할까?" 10년 전 저자의 페이스북에 올라온 포스팅 하나가 최두옥 대표를 스마트워크 디렉터로 만들었다고 생각합니다. 사람들이 당연하다고 생각했던 것에 의문을 던지며 시작한 저자의 여정은 결코 쉽지 않았을 것입니다. 그 쉽지 않은 길을 왜 걸었을까요? 결국 처음에 던진 그 중요한 질문에 답하기 위해서였겠지요. 그 답이 담긴 이 책이 세상에 나오게 되어 기쁩니다. 이론에서 실전까지, 개인에서 조직까지, 스마트워크의 모든 면을 다루는 이 바이블이 많은 이에게 나침반이 돼 줄 것을 기대합니다.

한창훈(피터의 커뮤니케이션 대표)

"당신은 일하기 위해 살지만, 우리는 살기 위해 일해요(You live to work, we work to live)." 이 말은 〈에밀리, 파리에 가다(Emily in Paris)〉라는 넷플릭스 시리즈에 나오는 대사입니다. 미국 본사에서 파리로 발령받아 (한국 기준의 열정은 아니지만) 열정적으로 일하는 주인공 에밀리에게 프랑스인 동료가 한 말이지요. 크게는 두 문화권, 작게는 두 사람의 삶 속 우선순위를 보여 줍니다. 햄릿은 '삶과 죽음'이라는 질문을 했지만, 우리는 지금 '삶과 일'이라는 질문을 하고 있습니다.

인간의 일에도 역사가 있습니다. 자율성이 커지는 방향으로 진화하고 있었고, 그 속도는 코로나19로 걷잡을 수 없이 빨라지고 있습니다. 마침내 시간과 공간의 제약까지 돌파하고 낯설고 새로운 형태로 우리 앞에 도달했습니다. 본격 스마트워크의 시대가 열렸습니다.

제가 스마트워크라는 개념을 처음 접한 때가 2012년이었고, 바로 최두옥을 통해서였습니다. 저자는 누구나 시간에 맞춰 일터로 출퇴근하던 시절에 일하는 방식이 바뀌어야 한다며 바다 색깔을 바꾸려 잉크 방울을 떨어뜨리듯 무모한 도전을 하고 있었습니다. 당시 프리랜서로 국제회의 통역사 일을 하던 저는 저자가 말하는 스마트워크가 본능적으로 좋았습니다. 그 직전까지 기업에서 출퇴근하는 통역사로 일하다가 프리랜서로 전업했고, 프리랜서로 일해 보니 나의 일을 스스로 관리하고 성과를 내는 방식이 여러모로 좋았습니다. 제 나름대로 스마트워크를 하고 있던 셈인데, 그 스마트워크 방식이 일반 오피스에도 적용이 될 수 있다고 해서 놀랐습니다. 무엇보다 스마트워크 정신은 '인간에 대한 신뢰'를 바탕으로 하고 있다는 점이 매력적이었습니다.

사실 기업에서 실시하는 인사 고과와 평가의 전제는 종업원에 대한 불신이라는 불편한 진실이 있습니다. 코로나19로 많은 회사에서 재택근무를 도입했던 초기에 많이 들리던 이야기는 이런 것들이었습니다. 회사 입장에서는 '과연 직원들이 집에서 일을 하기는 하는 건가?', 직원 입장에서는 '회사에서 내가 일을 안 한다고 의심할까 봐 화장실도 가기 부담된다'는 것이었습니다.

스마트워크는 사람에 대한 불신을 신뢰로 바꾸고, 스스로 가장 잘할 수 있는 방법을 찾아 업무를 수행하고, 성과를 높이는 방법이라고 생각합니다. 하지만 조직 차원에서는 이 과정이 동전 뒤집듯 간단하지는 않을 것입니다. 일에 대한 철학, 인간에 대한 태도, 기술, 전략, 전술 등 많은 것이 세밀하게 바뀌어야 하니까요. 이 책은 그 과정에 필요한 훌륭한 길잡이가 될 것입니다. 한국에서 최두옥만큼 스마트워크에 대한 많은 자료와 연구, 실제 적용 사례를 가진 사람은 없다고 단언합니다. 무엇보다 저자는 아는 것을 실천하는 사람입니다. 그러다 보니 이론만 가진 사람이 알 수 없는 세밀한 부분까지 정확히 파악하고, 고민하고, 해결책을 제시합니다.

2012년 저자가 떨어뜨린 잉크 방울로 지금 일이라는 바다의 색이 바뀌고 있습니다. '일이냐, 생활이냐' 선택을 고민하기보다는 일과 생활을 순조롭게 왕래하는 길을 이왕이면 스마트하게 닦으면 좋지 않을까요? 이 책이 좋은 길잡이가 될 것을 의심하지 않습니다.

변주경 (한국어-영어 국제회의 통역사)

포스트 코로나,
우리의 일터에
어떤 변화가 올 것인가?

저의 스마트워크 디렉터 경력 중 가장 다이내믹한 해를 꼽으라면 단연 2020년일 것입니다. 사람 사는 곳이라면 예외 없이 영향을 준 코로나19로 인해 한국 기업을 포함한 많은 기업이 리모트워크의 형태로 스마트워크를 경험했습니다. 수년간 스마트워크의 개념을 알리고 방법론을 도입한 저보다 코로나19가 지난 몇 개월간 이룬 성과가 훨씬 많았습니다.

이제 재택근무는 대한민국에서도 일상이 됐고, 물리적으로 떨어져서 일하는 만큼 커뮤케이션과 협업이 더 중요해졌습니다. 온라인 협업 툴은 이런 시대 흐름에 급물살을 타고 급격하게 발전했으며 온라인에서 정보를 공유하고, 안건을 논의하고, 팀원을 코칭하는 방법이 쏟아져 나오고 있습니다. 일을 하려면 무조건 가야 한다고 생각했던 사무실은 단순한 업무 공간을 넘어 온라인이 커버하지 못하는 수준의 협업을 도모하는 장소로 역할이 전환되고 있습니다. 리더십의 변화는 어디까지나 개인의 선택 문제라고 생각했던 리더의 생각도 바뀌었습니다. 이제 그들은 '직원들을 어떻게 잘 관리할 것인지'가 아니라, '자율과 신뢰라는 보이지 않는 가치를 어떻게 조직에 내재화할 것인지' 진지하게 고민하고 있습니다. 한편 실무자들은 예측할 수 없는 변화가 뉴노멀이 된 시대에 어떻게 지속 가능한 경쟁력을 만들 수 있는지 생각 중입니다.

사실 경영과 HR 영역에 몸담고 있는 사람이라면 이런 변화는 어렵지 않게 예측할 수 있었습니다. 이렇게 빨리 현실이 될 줄 몰랐을 뿐이지요. 2020년이 예상치 못한 변화에 적응하고 생존하는 데 에너지를 쏟은 시간이었다면, 이후부터는 이 변화를 최적화하는 데 집중해야 하는 시기입니다. 그러려면 포스트 코로나 시대에 우리의 일터가 어떻게 변할 것인지에 대한 큰 그림을 그릴 수 있어야 합니다. 그래야 제한된 조직의 리소스를 올바른 방향으로 쏟을 수 있을 테니까요.

사무실의 역할 변화

포스트 코로나 시대 일터의 변화, 그 첫 번째는 리모트워크 도입으로 인한 사무실의 역할 변화입니다.

그동안 제가 관여한 대부분의 스마트 오피스 프로젝트에서는 리모트 워크를 크게 고려하지 않았습니다. 스마트 오피스 구축 초기에는 2~4주의 시간을 들여서 스마트 오피스의 궁극적인 목적을 세팅하고 새로운 공간에서 일어날 구체적인 변화를 예상하는데요, 이 단계에서 도출되는 키워드는 주로 협업, 커뮤니케이션, 몰입, 공간 활용 등이었습니다. 물론 자율 좌석제를 통해서 직원들의 자율성을 높이려는 시도는 있었지만, 핵심은 아니다 보니 구축 과정에서 다른 우선순위에 밀리거나 아예 고려 대상에서 빠지는 경우도 있었습니다.

그러나 코로나19 이후에는 상황이 바뀌었습니다. 직원들이 도심에 위치한 사무실로 출근하지 않더라도 충분히 업무가 가능하다는 것이 확인됐기 때문입니다. 일주일에 2~3일 정도의 리모트워크는 사무실에 들어가는 운영 비용을 낮출 뿐 아니라 집단 감염의 리스크도 줄일 수 있습니다. 동시에 실무급 직원들의 업무 몰입도와 가족 부양을 해야 하는 직원들의 워라밸 수준을 올릴 수도 있습니다.

이런 경험을 통해 도심의 대형 사무실은 단순히 '일하러 가는 곳'이 아니라 '함께' 일하기 위한 곳으로 변하고 있습니다. 온라인에서는 어려운 긴밀한 협업과 커뮤니케이션, 단순한 정보 전달 이상의 교육이 이뤄지는 곳으로 사무실의 핵심 역할이 달라지고 있는 것이지요. 사무실의 책상은 홈 오피스나 집 주변의 위성 오피스로 대체되고, 매달 나가던 임대료와 유지 관리 비용은 직원들의 홈 오피스 구축에 쓰입니다. 사무실의 넓은 공간을 차지하던 개인 책상은 반 이상이 줄고 책상 간의 간격도 넓어졌습니다. 붙박이 책상이 빡빡하게 배치됐던 자리에는 해외 출장을 대신할 화상 회의 시스템과 체험형 교육장이 들어오고 있습니다. 앞으로 혼자 일하기 위해서 사무실에 가는 사람들은 점점 줄어들 것입니다.

채용 방식의 변화

포스트 코로나 시대의 또 한 가지 주목할 변화는 채용 방식입니다.

리모트워크가 일상이 되면 더 이상 사는 곳과 일하는 곳이 가까울 필요가 없습니다. 한 국가 내에서는 물론이고 다른 국가로의 취업과 채용도 훨씬 수월해집니다. 시차가 큰 경우에는 적응 시간이 필요하지만, 역으로 시차를 활용해 24시간 업무가 진행되는 방식으로 전환할 수도 있습니다. 이렇게 되면 구직자의 입장에서도, 채용을 하는 입장에서도 선택의 폭이 넓어집니다. 만약 서울에 본사가 있는 회사라면 지금까지는 서울과 경기에 거주하는 사람들만 지원이 가능했습니다. 하지만 앞으로는 부산과 제주는 물론이고 일본이나 중국, 심지어 7~8시간의 시차가 나는 유럽에 사는 사람도 지원이 가능합니다.

채용의 폭이 넓어지는 만큼 전문성에 대한 기대 수준이 올라갑니다. 채용을 하는 기업뿐 아니라 지원자의 입장에서도 마찬가지입니다. 역량이 있다면 얼마든지 거주지를 벗어난 곳에 위치한 회사와 계약할 수 있고, 그 경계는 대한민국을 넘어 전 세계로도 확장됩니다. 업무에 무리가 없을 수준의 영어 실력만 갖춘다면 역량 있는 인재가 일할 회사는 그야 말로 넘쳐납니다.

직장을 위해 아이의 학교를 옮길 필요도 없고, 혼자 한국에 남아 기러 기 아빠가 될 필요도 없습니다. 독일 회사를 다니느라 10년 넘게 가족과 떨어져서 생활하던 한 40대의 한국인은 2020년 코로나19가 발발하자마 자 한국으로 돌아왔는데, 수개월이 지난 지금까지도 원격으로 기존의 업 무를 소화하고 있습니다. 이번 경험을 바탕으로 내년에는 연봉을 조정하 더라도 한국에서 독일 업무를 보는 방향으로 계약을 바꿀 예정입니다.

이렇게 채용의 물리적 한계가 사라지면 인재들은 한 조직에만 소속 될 필요가 없어집니다. 그들은 높은 효율성과 성장 욕구를 기반으로 여 러 기업의 다양한 프로젝트에 동시에 참여할 수 있습니다. 조직 입장에 서도 나쁘지 않은 것이, 인재를 유지하는 데 들어가는 비용은 줄어드는 반면 인재들의 갑작스러운 유출은 막을 수 있다는 현실적인 이점이 있 습니다. 이렇게 되면 상시적인 조직 운영은 내부 인력과 자동화된 시스 템을 중심으로 진행하고, 고급 인력은 회사가 필요할 때마다 '빌려' 쓰는 방식이 일반화될 가능성도 큽니다.

조직 구조와 리더십의 변화

마지막 변화는 조직의 구조와 리더십에 관한 것입니다.

이번 코로나19 사태를 겪으면서 그동안 우리가 '뷰카 시대(*VUCA-Volatility:*
변동성, Uncertainty: 불확실성, Complexity: 복잡성, Ambiguity: 모호성의 약자)라고 칭했던 불확실
한 미래의 실체를 알게 됐습니다. 변동성, 불확실성, 복잡성, 모호성은
더 이상 추상적인 단어도 아니고 새로운 영역을 개척하는 특정 산업만
의 이야기도 아닙니다. 이런 시대에 조직이 생존하는 유일한 방법은 시
장에 대한 빠른 반응과 학습입니다. 과거 지식에 대한 맹신과 완벽한 계
획에 대한 환상을 버리고 지속적으로 변화하는 환경에 끊임없이 무게
중심을 옮기는 것입니다.

이게 가능하려면 조직 구조가 변해야 합니다. 기능을 중심으로 나뉜
융통성 없는 위계 구조에서는 환경 변화에 따라 무게 중심을 바꾸기는
커녕 한 발짝을 떼기도 어렵기 때문입니다. 속도의 차이는 있지만 많은
기업이 점차 역할 중심의 목적 조직으로 회사 구조를 바꾸고 있습니다.
시장의 변화를 더 빨리 감지하고, 이를 제품이나 서비스에 재빨리 반영
할 수 있도록 조직의 체질을 개선하는 것입니다.

이런 조직에서 개인의 역량이나 카리스마에 의지하는 슈퍼히어로형
리더는 성과를 내기가 어렵습니다. 시장의 변동성과 복잡성이 너무 심
해서 아무리 뛰어난 리더라도 혼자 올바른 판단을 내리기가 어렵기 때
문입니다. 이런 조직에서는 위계 조직에 최적화된 슈퍼히어로형 리더
보다 다양한 역량을 가진 팀원들을 협업하게 만드는 협업 촉진형 리더
가 더 큰 힘을 발휘합니다. 협업 촉진형 리더는 팀원들의 자율성을 극대
화하면서도 조직 전반의 신뢰 수준을 높여서 팀원들을 의미적으로 연결

시킵니다. 의미적으로 강력하게 연결돼 있기 때문에 물리적으로 떨어져 있어도 하나의 목표를 향해 역량을 모으기가 쉽습니다.

2020년 팬데믹은 우리 일터에 천재지변과 같은 충격을 줬습니다. 조직의 혈관이라고 불리는 커뮤니케이션의 방식 자체를 바꿔 놓으면서 일터 구석구석 영향을 미치지 않은 곳이 없을 정도입니다. 하지만 언제까지 그 충격에 대해서만 이야기하고 있을 수는 없습니다. 이제는 구체적인 액션 플랜이 필요한 시점입니다. 그런 의미에서 스마트워크의 본질적인 의미부터 현장에 도입할 수 있는 방법론까지 스마트워크의 전 영역을 상세하게 다룬 이 책이, 일하는 방식의 변화가 '나의 일'이 돼 버린 모든 대한민국의 직장인과 경영자에게 도움이 되기를 바랍니다.

차례

추천사   004

프롤로그 포스트 코로나, 우리의 일터에 어떤 변화가 올 것인가?   011

1 문제 해결
사람을 바꿀 것인가, 시스템을 바꿀 것인가

- 문제를 해결하는 두 가지 방식   025
- 실패의 근본 원인을 찾아내는 '실패 부검'   029
- 명확한 목표와 합의된 원칙의 힘   033
- 코로나19가 앞당긴 일하는 방식의 변화   040
- 스마트워크의 의미와 실질적인 효용   045

2 리모트워크
업무의 디폴트가 오프라인인가, 온라인인가

- 일하는 방식의 뉴노멀, 리모트워크   051
- 회의와 회식의 패러다임이 변하다   054
- '출퇴근=일' 공식을 버리면 얻는 것들   058
- 리모트워크를 적극적으로 받아들이는 기업들   064
- 국내 기업의 리모트워크가 유난히 어려운 이유   069
- 업무 진행 속도를 두 배로 올리는 화상 회의   076
- 화상 회의를 효과적으로 운영하는 팁   082
- 리모트워크를 어렵게 만드는 조직 문화와 고정 관념   088
- 리모트워크에 대한 흔한 오해   093
- 리모트워크 초기의 전형적인 시행착오와 대안   098

③ 스마트 오피스
사무실은 작업 공간인가, 협업 공간인가

- 우리는 언제부터 사무실에서 일하기 시작했을까?   105
- 일하는 방식의 변화 트렌드 다섯 가지   112
- 직급이 아닌 업무에 따라 자리를 선택하는 회사   119
- 다른 부서 직원들을 매일 만날 수 있는 회사   127
- 회의의 비효율을 공간으로 해결한 회사   134

④ 애자일 방식
계획의 준수인가, 변화에 대한 대응인가

- 일하는 방식의 축소판, 마시멜로 챌린지   141
- 유치원생은 어떻게 MBA 학생보다 높은 탑을 쌓았을까?   148
- H&M, 자라, 유니클로의 매출이 올라간 비결   154
- 에어비앤비의 운명을 바꾼 애자일   158
- 보험 회사와 장난감 제조 회사의 애자일 전환   162
- 국내 기업의 애자일 도입이 실패하는 이유   166
- 애자일 마인드셋의 핵심과 적용   172
- 현장에서 검증된 현실적인 애자일 도입안   179

5 뉴 리더십
리더는 체스마스터인가, 정원사인가

- 체스마스터형 리더십 vs. 정원사형 리더십   191
- 실행력을 높이는 '왜냐하면'의 힘   197
- 우리 팀의 자율성을 높이는 두 가지 방법   204
- 신뢰는 마음가짐이 아니라 경험의 결과다   209
- 리더가 조직의 신뢰를 높이는 세 가지 방법   215
- 좋은 리더십은 책이 아니라 시장이 말해 준다   225

6 업무 역량
혼자 열심히 할 것인가, 함께 잘할 것인가

- 협업력   231
- 글쓰기력   240
- 툴 활용력   247
- 시간 관리력   257

7 변화 대응
어떠한 변화도 빠르지 않다

· 우리가 매년 스마트워크 트립을 떠나는 이유　　　　　269

· 한국과 유럽, 일을 바라보는 관점의 차이　　　　　276

· 포스트 코로나 시대를 리드할 MZ세대　　　　　284

· 업무 만족도와 성과의 키워드 '연결'　　　　　294

· 조직과 개인은 무엇을 준비해야 하는가?　　　　　301

에필로그 스마트 '워크'를 넘어 스마트 '라이프'로　　　　　308

참고문헌　　　　　310

1 문제 해결

사람을 바꿀 것인가,
시스템을 바꿀 것인가

문제를 해결하는
두 가지 방식

코로나19와 스마트폰의 컬래버로 배달은 우리 삶의 일부가 됐습니다. 생각해 보면 최근 몇 달 동안 무언가를 구입하려고 밖으로 나간 적은 손에 꼽는 것 같습니다. 집 근처 마트에서 살 수 있는 샴푸도 온라인으로 주문하고, 특강 때 필요한 재킷도 온라인으로 주문하고, 내일 아침에 필요한 채소까지도 온라인에서 주문했으니 말입니다. 하긴 포장조차 어렵던 고급 레스토랑의 메뉴도 이제는 밀키트로 배송되는 시대인걸요.

이렇게 배달이 일상이 된 만큼 배송과 관련된 사고도 늘었습니다. 간혹 주문한 것과 전혀 다른 물건이 배달되기도 하고, 주문한 물건이 며칠째 감감무소식일 때도 있습니다. 일상에서 필요한 물건이라면 이런 배송 사고는 대수롭지 않게 넘길 수 있지만, 대량으로 발주한 물건이거나 배송지가 해외에 있는 경우라면 이런 배송 사고는 말 그대로 큰 '사고'가 될 수 있습니다.

이런 상황에서 만약 당신이 이 구역의 배송을 책임지는 담당자라면 어떨까요? 당신의 팀에는 배송 차량과 적재를 담당하는 20명의 직원이 있고, 이들은 매일 새벽 창고에서 물량을 접수받아서 각 지역으로 배송하는 임무를 맡고 있습니다. 당신의 역할은 이 지역의 총괄로서 고객이 주문한 물건이 안전하게 배달되도록 관리하는 것인데, 최근 배송과 관련된 자잘한 사고가 늘었습니다. 주문한 물건과 다른 물건이 배달되기도 하고, 배송차 안에서 물건이 사라져서 약속된 배송일을 넘기기도 합니다. 특히 최근에는 배송 시간이 늘어나서 오늘까지 처리해야 할 물건을 다 배달하지 못하는 경우도 부쩍 늘었습니다. 어쩌다 한두 번이면 이해하지만 최근 들어 이런 상황이 빈번하게 발생합니다. 이런 상황에서 배송 책임자인 당신은 어떻게 대응하시겠습니까?

사람을 통한 해결

우선 당신은 배송 사고가 가장 빈번하게 발생하는 지역을 확인한 후 그 구역으로 배송을 나가는 직원들과 면담을 진행할 수 있습니다. 지난

한 달간 해당 구역에서 발생한 배송 사고 리스트를 준비한다면 면담을 더욱 효과적으로 할 수 있을 것입니다.

면담에서는 직원에게 왜 이런 실수가 자꾸 발생하는지 물어볼 수 있습니다. 신체적인 문제나 심리적인 이슈가 있는지, 가족에게 중요한 문제가 생겼는지를 물어볼 수도 있습니다. 단순한 실수라면 이번 배송 사고로 인한 회사의 실질적인 손해가 얼마이고, 그 리스크는 얼마나 큰지를 각인시킬 수도 있습니다. 고객의 컴플레인이 담긴 이메일을 직접 보여 주며 책임감을 느끼게 할 수도 있고, 이런 사고가 나면 책임자의 입장이 얼마나 난처한지 감정적인 호소를 할 수도 있습니다.

이런 면담을 몇 차례 진행한 후에도 배송 사고가 줄어들지 않는다면 담당자를 해고하고 다른 사람을 채용할 수도 있습니다. 이렇게 사람을 바꿔서 문제가 완전히 해결될 수만 있다면 이런 방식은 꽤 빠르고 쉬운 방법입니다.

시스템을 통한 해결

문제의 원인을 사람으로 가정하지 않는 다른 방법도 있습니다. 우선 최근의 배송 사고 상황을 전 직원과 공유합니다. 그런 다음 관련된 모든 직원을 불러서 전체적인 배송 과정을 리뷰합니다. 특히 배송 사고와 직접적인 관련이 있는 프로세스에 대해서는 배송차를 모는 직원, 물건을 적재하는 직원, 송장을 접수하는 직원 모두가 전체 과정을 복기합니다. 그런 다음 어떤 프로세스에서 배송 사고의 가능성이 가장 큰지, 왜 특정 방식으로 일을 처리하는지, 배송 사고를 최소화하기 위해서는 어떤 대안이 있는지, 각 대안을 실행하는 데 얼마의 예산과 시간이 필요한지를 자유롭게 이야기합니다.

이렇게 각 부분의 담당자가 모여 전체 과정을 리뷰하다 보면 표면적인 사고 이면에 숨은 근본적인 문제를 발견할 수 있습니다. 사고가 발생한 지점은 특정 구역의 특정 배송차였지만 정작 원인은 프로세스의 다른 지점이라는 걸 알게 되는 경우도 있습니다.

만약 앞의 경우처럼 원인을 사람으로 가정하고 문제에 접근했다면 어땠을까요? 시간을 들여 배송 담당자를 바꿨지만 사고는 줄어들지 않았을 것이고, 동료의 해고로 인해 직원들의 위화감이 증폭됐을 겁니다. 회사 입장에서도 잘못된 원인에 집중하느라 아까운 돈과 시간을 낭비했음은 두말할 나위가 없습니다.

실패의 근본 원인을 찾아내는 '실패 부검'

문제가 생겼을 때 사람이 아니라 시스템을 통해서 문제를 해결하는 간단한 방법이 있습니다. 바로 '실패 부검(Failure Autopsy)'입니다. 포스트모템(Post-mortem)이라고도 부르는 실패 부검은 말 그대로 실패한 프로젝트를 부검대 위에 올려놓고 원인을 파악해 보는 겁니다. 의학 드라마에서 자주 봤던 부검 장면을 떠올리면 실패 부검이 어떤 건지 연상이 되실 겁니다. 부검 테이블에는 주검 대신에 생명을 다한 프로젝트가 올라가고, 각 분야 전문의 대신 프로젝트에 참여한 담당자들이 참여한다는 점만 다릅니다. 실패 부검에서는 실패한 프로젝트의 시작부터 마지막까지 각 과정을 상세하게 리뷰하면서 프로젝트가 실패하게 된 근본 원인을 파악하고, 어떤 과정에서 실패를 막을 기회가 있었는지를 검토합니다.

실패 부검의 목적은 책임을 묻고 비난할 사람을 찾아내는 것이 아니라 각 과정에서 실제로 어떤 일이 있었는지를 공유하는 것입니다. 그래서 실패 부검에 참석한 사람들이 비난에 대한 두려움 없이 자기가 아는 정보를 담백하게 공유하는 것이 무엇보다 중요합니다. 그 과정에서 진짜 문제가 드러나고 다음 프로젝트에서는 어떤 부분을 보완할지가 명확해지지요. 과거의 프로젝트는 실패했지만 미래의 프로젝트가 성공할 가능성은 높아지는 것입니다.

하지만 실패 부검을 시도한 국내 기업들 대부분은 초반에 어려움을 겪습니다. 참가자들이 처벌의 두려움 없이 정보를 공유하는 것이 현실적으로 어렵기 때문입니다. 그동안 직간접적으로 리뷰라는 명목의 책임 추궁을 여러 번 경험해서인지 '실패 부검에서는 책임을 묻지 않는다'는 전제를 달아도 믿지를 않습니다. '우리 쪽에서는 특이 사항이 없었다'는 말을 반복하면서 업무 프로세스를 공유하지 않는 건 다반사고, 자신이 속한 팀의 정보를 의도적으로 숨기기도 합니다.

아쉽게도 이를 해결할 마술 같은 방법은 없습니다. 믿음은 설득이나 의지의 문제가 아니기 때문에 실패 부검은 책임을 묻기 위한 것이 아니라 예방을 위한 것이라는 사실을 직원들이 믿을 때까지 계속 시도하는 수밖에요.

실패 부검으로 드러난 배송 사고의 진짜 원인

앞에서 예로 든 배송 사고의 경우, 실제로 이 실패 부검을 통해서 사고 발생률을 줄인 사례가 있습니다.

P 배송 회사는 담당자를 교체해도 사고 발생률이 별반 줄어들지 않자 근본적인 원인 파악을 위해 실패 부검을 시도했습니다. 전체 배송 프로세스에 관여하는 각 담당자가 모인 자리에서 지역 총괄은 최근 반복적으로 발생한 배송 사고의 형태와 현황을 브리핑했습니다. 이후 모든 담당자가 모여 현장에서 어떤 일들이 일어나고 있는지, 사고로 이어질 수 있다고 느끼는 지점이 어디고, 그럼에도 불구하고 왜 적극적으로 조치를 취할 수 없었는지 공유했습니다.

시간이 좀 걸리긴 했지만, 그 결과 근본적인 원인으로 추정되는 요소들이 드러났습니다. 해당 지역 특유의 복잡한 지번 시스템과 특정 요일에 몰리는 물량이 잠재적 원인으로 떠올랐습니다. 이 지역의 총괄은 우선 배송차량 한 대를 추가로 투입해서 배송 직원이 주소를 정확히 파악하고 배송할 수 있는 시간적 여유를 줬습니다. 그랬더니 해당 지역의 사고 발생률은 한 달 반 만에 다른 지역 평균과 비슷해졌습니다. 배송 사고의 원인을 제대로 짚은 것입니다.

그리고 실패 부검에 참여한 실무 직원들의 의견을 반영해서 배송차에 물건을 쌓는 방식을 바꿨습니다. 담당자의 재량에 따라 배송 물품을 불규칙하게 쌓는 대신, 화물칸에 특수 제작한 선반을 설치하고 배송지별

적재 원칙에 맞춰 물건을 쌓았습니다. 수화물 창고에서 고객의 집 앞까지 모든 직원이 이 원칙을 따르기로 하면서 P 배송 회사의 배송 사고는 전년도 같은 시기에 비해 37%가량이 줄었습니다.

명확한 목표와
합의된 원칙의 힘

'패러데이(paraday.kr)'는 '하루에 한 문단을 읽는다'는 뜻의 'One Para-graph A Day'의 줄임말입니다. 페이스북을 통해 모인 100명은 카카오톡에 초대돼 매일 한 문단의 영어 기사를 미션으로 받게 되는데요, 미션 수행 방법은 간단합니다. 그날 자정 전에 기사를 읽어 음성 댓글을 달기만 하면 됩니다. 기사를 읽는 데 필요한 시간은 약 30초. 하지만 자정에서 1분이라도 넘어가면 미션은 실패하고 다음 날 카카오톡에서 방출됩니다. 아주 간단한 미션이지만 하루라도 빼먹으면 생존이 불가능한 서바이벌 방식으로 운영되는 새로운 형태의 소셜 학습 커뮤니티였지요.

패러데이에서는 이런 방식으로 30일 동안 매일 미션을 공개했고 자정을 넘긴 참가자를 탈락시켰는데요, 과연 마지막 30일째에는 얼마나 많은 사람이 패러데이에 남아 있었을까요?

저희가 이 커뮤니티를 시작할 때 예상한 생존자 수는 60명 전후였습니다. '하루 한 문단'이라는 명확한 원칙과 예외 없는 룰이 확실히 참가자의 목표 달성률을 높일 거라고 생각했기 때문입니다. 패러데이 방식과 유사한 습관 만들기 프로그램의 성공률이 30%를 밑돈다는 점을 감안하면, 참가자의 절반만 생존해도 패러데이의 학습 방식은 성공적인 셈이었습니다.

그런데 30일 후 실제 생존자 수는 저희가 생각한 것보다 훨씬 높았습니다. 최초 참여한 100명 중에서 17명이 미션을 놓쳐 도중에 탈락했고 나머지는 프로그램이 진행되는 동안 하루도 빠짐없이 영어 기사를 읽고 녹음해서 제출했습니다. 단일 실험이긴 하지만 하루도 빠짐없이 참여해야 하는 과제의 성공률이 80%가 넘는다는 것은 상당히 놀라운 결과였습니다. 어떻게 이런 수치가 가능했을까요?

명확하고 구체적인 목표

패러데이의 미션은 단순하면서도 명확했습니다. 매일 공개되는 짧은 영어 기사를 녹음해서 자정 전에 제출하기가 전부였지요. '매일 1시간씩 영어 공부하기'처럼 막연한 목표가 아니었습니다. 매일 어떤 기사를 읽을지, 그 기사를 읽고 무엇을 해야 할지가 명확했습니다. 만약 패러데이의 미션이 '매일 영어 기사 하나씩 읽기' 정도로만 덜 구체적이었더라도 초반에 탈락한 참가자들이 훨씬 많았을 겁니다. 매일 어떤 기사를 읽을지 고르느라 10~20분을 쓰다 보면 정작 선택한 기사를 공부할 시간과 에너지가 부족해지기 마련이니까요. 어떤 사람은 매일 기사를 고르는 게 어려워서 중간에 포기했을지도 모릅니다.

하지만 패러데이의 미션은 어떤 기사의 어떤 부분을 읽어야 할지가 명확했습니다. '키퍼(Keeper)'라고 불리는 콘텐츠 리더가 매일의 목표를 선명하게 그려 줬기 때문에 참가자 입장에서는 실행을 망설이거나 뒤로 미루는 게 더 신경 쓰일 정도였습니다.

목표가 구체적이고 명확해지면 구성원들의 행동과 판단이 빨라집니다. 도착지가 눈앞에 보이면 출발하지 않고 서 있는 것이 더 어렵기 때문입니다. 그렇게 목적지에 빨리 도착해서 여유가 생기면 내가 달려 온 방법이 효율적이었는지 돌아보기도 하고, 다른 팀원들의 어려움이 보이기도 하고, 다음 목적지는 어디인지 호기심을 갖기도 합니다.

실제로 패러데이에서는 이미 과제를 제출한 후에 추가로 연습해서 자정 전에 더 나은 버전의 녹음을 제출한 경우가 적지 않았고, 자진해서 관련 문법이나 발음 정보를 공유하는 참가자도 많았습니다. 또 최종 미션을 완수한 사람들의 후기에는 '매일 아침 오늘은 어떤 미션이 주어졌을지 설레는 경험을 했다'는 피드백도 있었습니다.

예외 없는 원칙의 힘

앞서 소개한 것처럼 패러데이는 일일 서바이벌 형식이라 당일 과제를 자정까지 제출하지 못한 참가자는 예외 없이 카카오톡 채팅방에서 방출됐습니다. 30일을 완주한 사람들에게 주는 상도 없었고, 중간에 실패한 사람에게 주는 벌도 없었지만 이런 서바이벌 원칙은 참가자들에게 도전의식을 불러일으켰습니다. 많은 참가자가 패러데이의 채팅방에 남아 있다는 것 자체가 자신에게 큰 상이라고 말하곤 했습니다.

물론 이런 자율적인 동기 부여가 쉽게 만들어진 건 아니었습니다. 참가 후 일주일 동안, 참가자들은 패러데이의 서바이벌 원칙이 말뿐이 아니라 누구에게나 예외 없이 적용된다는 사실을 학습했습니다. 마감을 넘긴 참가자들이 각자의 사정을 피력하며 선처를 구했지만 결국은 원칙에 근거해 탈락되는 모습을 반복적으로 경험했습니다. 어떤 사람은 카카오톡에 오류가 나서, 어떤 사람은 중요한 미팅이 길어져서, 심지어 몸이 아파서 미션을 수행하지 못한 경우도 있었지만 마찬가지였습니다. 인간적으로는 안타까운 마음을 전했지만, '자정'이라는 데드라인을 양보하지 않았습니다.

특히 평소에 적극적인 참여와 따뜻한 코멘트로 소위 '인싸'라고 불린

한 참가자가 1~2분 차이로 자정을 넘겼을 때는 패러데이를 운영하는 저희도 꼭 탈락을 시켜야 할지 갈등이 컸습니다. 하지만 원칙의 힘은 그것을 지키는 데서 생긴다는 믿음으로 예외를 만들지는 않았습니다. 처음에는 탈락시키는 사람도, 그걸 지켜보는 사람도 마음이 불편했지만 점차 패러데이에서는 서바이벌 원칙이 언제나 지켜진다는 신뢰가 생기면서 참가자들의 생존율은 안정을 찾아갔습니다.

투명한 결과 공유

어떤 분들은 '매일 짧은 문단 하나를 읽는 것이 영어 공부에 얼마나 도움이 될까' 의구심을 가질 수도 있습니다. 하지만 패러데이의 이 단순한 미션이 가져온 학습 효과는 작지 않았습니다. 영어 기사를 읽는 데 걸리는 시간은 고작해야 30초 전후지만, 그 한 번의 녹음을 위해서 참가자 대부분은 매일 20분 이상을 기사의 단어, 문법, 발음을 연습하는 데 사용했습니다.

자신의 녹음을 참가자들이 들을 수 있다는 생각에 누가 시키지 않았는데도 시간과 노력을 쏟아부어 결과물의 완성도를 높이려고 노력했던 겁니다. 평소에 애매하게 알았던 단어의 뜻과 발음을 사전에서 확인하고, 입에 익숙하지 않은 구문을 수십 번 연습하고, 더 자연스럽게 읽기 위해 몇 번씩 재녹음을 하면서 참가자들은 자기도 모르게 몰입을 경험하고 있었습니다.

이처럼 패러데이는 학습과 성과 면에서 적지 않은 통찰을 줬는데요, 특히 사람을 바꾸지 않고도 어떻게 조직 전체의 성과를 높일 수 있는지에 대한 중요한 힌트를 얻을 수 있었습니다.

첫째, 목표의 구체성과 명확성에 비례해서 구성원들의 실행 속도가 빨라집니다. 목표의 범위가 너무 넓거나 용어가 모호해서 자의적으로 해석할 여지가 크면, 구성원들은 의지가 약해서가 아니라 무엇을 향해 나아가야 할지를 몰라서 발을 떼지 못하게 됩니다.

둘째, 목표 달성 과정에서 지켜야 할 원칙을 명확하게 협의하고 예외를 최소한으로 두는 것도 중요한 요소입니다. 원칙이 모호하거나 합의되지 않은 예외가 생기기 시작하면 그 원칙은 생명력을 잃게 되고 구성원들이 원칙을 지킬 동기도 사라집니다.

마지막으로, 업무 과정이나 결과를 투명하게 공유하면 업무 전반적인 퀄리티를 높이는 데 도움이 됩니다. 긍정적인 동료 압박(Peer Pressure)이 작동해서 상시 모니터링 효과를 기대할 수 있습니다.

소셜 학습 커뮤니티 패러데이를 통해 저희가 발견한 세 가지 통찰을 업무 환경에 적용한다면 이렇게 정리할 수 있습니다. 조직의 성과는 구성원들의 역량에 따라서 크게 영향을 받습니다. 그러나 같은 사람이 어떤 환경에서 어떤 방식으로 일하는가에 따라서도 성과는 크게 달라집니다. 전자가 채용과 교육의 영역이라면 후자는 스마트워크의 영역입니다. 성과를 높이기 위해서는 두 가지가 모두 필요하지만, 전자보다는 후자가 좀 더 지속적이고 기대할 수 있는 변화의 폭도 큽니다. 같은 구성원들이 더 높은 성과를 내고 더 효율적으로 일할 수 있는 환경을 구축해주는 것, 바로 이것이 스마트워크의 본질이자 정의가 아닐까요?

코로나19가 앞당긴
일하는 방식의 변화

코로나19로 인한 수개월의 활동 제약은 '일하는 방식'이라는 면에서 많은 것을 변화시켰습니다. 우선 '일'의 의미를 다시 생각하게 했습니다. 이전까지는 '일'이라고 하면, 시간을 들여 무언가를 하는 행위 그 자체를 의미하는 경우가 많았습니다. 정해진 시간에 사무실로 출근하고 시간이 되면 퇴근하는 게 일이라고 생각하는 직장인도 많았습니다.

하지만 사무실 출퇴근이 어렵고, 다른 직원이 무엇을 하고 있는지 눈으로 확인할 수 없는 상황을 겪으면서 일의 의미가 바뀌었습니다. 그저 무언가를 하는 것이 아니라 성과에 영향을 미치는 의미 있는 무언가를 하는 것으로 의미가 달라진 것입니다.

이뿐 아니라 사람을 바꾸는 것보다 시스템을 바꾸는 게 더 효율적이라는 것을 이해하게 됐습니다. 이전에는 사내 기업문화팀에서 불필요한 회의를 줄이고 사전에 회의 자료를 공유하라고 그렇게 많은 캠페인을 펼쳐도 별반 달라진 게 없었는데, 재택근무 때문에 화상 회의를 하니까 자연스럽게 형식적인 회의가 줄어들고 자료도 사전에 공유됩니다. 예정에 없던 회의가 갑자기 생기는 일도 없어졌습니다.

사무실로 나가는 날이 줄어서 많은 업무가 메신저나 메일을 통해 텍스트로 전달되니까 리더들의 업무 지시도 전보다 명확해졌습니다. 실무자들도 지시받은 업무를 시작하기 전에 진행 배경이나 방향성 같은 추상적인 질문들을 하기 시작했습니다. 서로 떨어져서 일하는 만큼 업무의 방향을 명확히 해야 중간중간 실무단에서 필요한 의사 결정을 빠르게 할 수 있기 때문입니다. 자연스럽게 리더들은 그 답을 준비하는 과정에서 일에 대한 이해가 깊어졌습니다. 이런 환경의 변화를 인지하고 일찌감치 일하는 방식을 바꾼 조직에서는 팀원들에게 일일이 뭘 하라고 지시하지 않아도 빠르게 일이 진행됩니다.

이렇게 코로나19로 인한 환경의 변화는 '일'에 대한 오랜 선입견을 깨부수고, 사람보다는 시스템을 바꾸는 것이 더 효율적이라는 것을 깨닫게 했습니다.

2010년에 들어서 스마트워크가 관심받고 대중화될 수 있었던 이유는 정보 통신 기술의 발달로 정보의 양이 기하급수적으로 늘어나면서 기존 업무 방식의 한계가 드러났기 때문입니다. 이에 달라진 시대에 맞는 새로운 업무 방식이 필요해졌고, 특히 코로나19 이후 일과 효율성에 대한 리더들의 인식이 변하면서 스마트워크에 대한 관심도 폭발했습니다. 일의 의미를 재정의하고 일하는 방식의 변화를 통해 조직 전반의 생산성을 높이는 스마트워크는 이제 단순한 트렌드를 넘어서 팬데믹 이후 조직의 지속 가능성을 위한 필수적인 과업이 됐습니다.

일하는 방식을 완전히 바꾼 네덜란드 마이크로소프트

제가 스마트워크의 개념을 처음 접한 건 지금으로부터 10년 전의 일이었습니다. 당시 저는 '토즈(TOZ)'라는 공간 비즈니스 그룹의 공간기획팀장으로 일했고, 새로운 공간 비즈니스 모델을 개발하기 위해 유럽과 미국에 머물면서 리서치를 하고 있었습니다. 약 2개월에 가까운 긴 출장의 마지막 방문지는 네덜란드.

네덜란드에 머무는 동안 저는 당시 유럽의 최고 코워킹 스페이스인 허브(HUB)를 임시 오피스로 쓰고 있었습니다. 허브의 훌륭한 네트워킹 프로그램 덕분에 지사도 없는 네덜란드에서 다양한 전문가들을 만날 수 있었지요. 그런데 하루는 제가 하는 일에 관심이 많던 한 네덜란드인이 스키폴 공항 근처에 있는 마이크로소프트에도 가 봤느냐고 묻더군요. 자기 친구가 거기에서 일하는데 최근 업무 방식이 혁신적으로 바뀌었다는 겁니다. 저는 즉석에서 그 친구를 소개받았고, 며칠 후 마이크로소프트 네덜란드 지점에서 하루를 일해 볼 수 있었습니다. 그날은 제가 스마트워크 디렉터가 되는 데 결정적인 모멘텀이 됐습니다.

우선 마이크로소프트 네덜란드 지점에서는 극소수의 직원을 제외하고는 자기 자리를 가진 사람이 없었습니다. 이 회사의 직원이라면 누구나 다섯 개 층에 마련된 쾌적하고 다양한 업무 공간을 자유롭게 사용할 수 있었습니다.

게다가 미팅룸을 제외하고는 별도의 자리 예약 시스템도 없었습니다. 필요한 시간만큼 원하는 공간에서 일하다가 정리만 잘하고 나오면 문제가 없었습니다. 그뿐만 아니라 직원들의 출퇴근 시간도 따로 없었습니다. '몇 시까지 회사에 나왔다가 들어간다'는 출퇴근 개념 자체가 없었기 때문에 할 일이 없는데도 사무실에 나와서 얼굴도장을 찍고 갈 필요가 없었습니다. 사무실은 집중해서 일할 곳이 필요하거나 중요한 회의가 예정돼 있을 때를 위한 실용적인 공간에 가까웠습니다. 저희를 가이드했던 마케팅팀장에 의하면, 보통 직원들은 주중 3~4일을 출근하는데, 11시부터 4시까지가 피크 타임이라고 합니다. 당시 마이크로소프트 네덜란드 지점에서 일하는 직원은 약 1,000명. 구비된 개인 책상은 500개에 불과하지만 피크 타임에도 400석 이상 차는 경우는 거의 없답니다.

오후에 마이크로소프트를 나오면서 저희는 마지막으로 이런 질문을 던졌습니다. "이렇게 많은 돈과 시간을 쓰면서 사무실의 구조와 일하는 방식을 바꾼 이유가 뭔가요?" 그러나 현실적인 답변이 돌아왔습니다.

"몇 년 전부터 고성과 직원들이 연봉 조건이 비슷한 경쟁사로 빠져나
가기 시작했어요. 처음에는 단순히 연봉의 문제라고 생각했는데, 퇴사
자에게 인터뷰를 해 보니 이유는 과거 마이크로소프트의 관리 중심 업
무 방식이더군요. 시대가 필요로 하는 창의적이고 능동적인 인재들은
자율성과 효율성이 높은 업무 환경에서 일하기를 원하고 있었습니다.
그래서 우리도 변한 겁니다. 아니, 변할 수밖에 없었지요."

스마트워크의 의미와 실질적인 효용

스마트워크의 목적은 변화 그 자체가 아닙니다. 시대를 따라잡기 위해서 변해야 한다는 뜬구름 잡는 명목은 더더욱 아닙니다. '뷰카 시대'라는 신조어가 생겼을 만큼 어떤 변화가, 언제, 어디에서 닥칠지 모르는 시대, 심지어 그 변화를 맞닥뜨린 후에도 확실한 대응법을 찾아내기 어려운 시대가 되면서 일하는 방식의 변화는 현장에서부터 필요해졌습니다. 그래야 조직이 생존할 수 있고 그 안의 개인도 생존할 수 있기 때문입니다. 일하는 방식에 있어서 과거에 통했던 업무 방식과 조직 문화를 고수하는 것은 이제 전통이 아니라 비효율이 될 여지가 많아졌습니다.

실제로 2000년을 전후로 시작된 미국과 유럽의 스마트워크 사례라든지 2010년대부터 본격화된 국내의 스마트워크 사례를 살펴보면, 스마트워크의 효용은 개념적인 차원을 넘어 실질적이라는 점을 알 수 있습니다.

구성원의 협업과 몰입이 극대화됩니다

지금처럼 정보의 양이 방대하고 각 요소들이 복잡하게 얽혀 있는 시대에는 경계 없는 '협업'과 깊이 있는 '몰입'이 동시에 필요합니다. 스마트 오피스나 리모트워크 같은 대표적인 스마트워크의 방법론을 도입하면 물리적, 심리적으로 구성원들의 몰입과 협업 수준을 높일 수 있습니다.

성과 중심의 조직 문화가 정착됩니다

인사팀이나 기업문화팀이 성과를 중시하는 캠페인을 펼쳐서가 아니라 채용, 평가, 승진 등 조직 생활의 중요한 의사 결정이 시장의 실제 성과를 기반으로 이뤄지기 때문에 자연스럽게 성과 중심의 조직 문화가 형성됩니다. 한두 사람의 상사가 아니라 시장(고객)에 의해서 중요한 의사 결정이 이뤄지고, 이런 모습이 몇 년간 지속되면 직원들도 상사에게 '어떻게 일 잘하는 사람으로 보일까'에 신경 쓰기보다 팀의 실질적인 성과에 집중하게 됩니다.

조직의 채용 경쟁력이 생깁니다

다시 말해서, 높은 역량과 프로페셔널한 태도를 갖춘 인재들이 우리 회사에 들어올 가능성이 늘어납니다. 전문성과 태도가 모두 뛰어난 인재들은 단순한 복지를 넘어 성과를 낼 수 있는 환경을 원합니다. 스마트워크는 인재들이 성과를 내는 데 방해가 되는 조직 내의 물리적, 심리적 장벽을 적극적으로 제거하고 같은 시간을 쓰더라도 더 높은 효율을 낼 수 있는 환경을 제공합니다. 결국 스마트워크를 도입한 기업은 인재들이 일하기 좋은 회사가 되며 그렇게 채용된 인재는 또 다른 인재들을 유인하게 됩니다.

2 리모트워크

업무의 디폴트가
오프라인인가, 온라인인가

일하는 방식의 뉴노멀, 리모트워크

리모트워크(Remote Work)란, 사무실 출근에 기반을 둔 업무 방식에서 벗어나 온라인을 디폴트로 일하는 새로운 업무 방식을 의미합니다. 기업에 따라 사무실 출근의 의무가 아예 없는 회사도 있고, 주 2~3회의 리모트워크를 허용하는 회사도 있습니다.

직원이 1,000명에 달하는 '오토매틱'은 미국 샌프란시스코에 본사 사무실이 있었지만, 전 직원이 리모트워크로 일해도 아무런 문제가 생기지 않는 걸 확인한 후 임대료만 나가는 본사 사무실을 아예 없애기도 했습니다.

미국과 유럽을 중심으로 시작된 리모트워크의 역사는 오래됐지만, 한국에서 리모트워크가 관심을 받게 된 것은 얼마 되지 않았습니다. 국내에서는 2010년대 중반부터 간간이 리모트워크를 기반으로 설립된 스타트업이 미디어에 등장하기 시작했고, 구직 사이트에도 리모트워크를 채용 조건으로 하는 기업들이 생겨나기 시작했습니다. 그러다 2020년 전 세계를 강타한 코로나19로 대부분의 기업이 반강제적으로 재택근무를 시행하면서 리모트워크는 빠르게 확산됐습니다. 덕분에 이제 사무직에서는 일주일 내내 출근하는 회사가 드물 정도로 리모트워크가 일상적인 업무 방식으로 자리 잡고 있습니다.

업무의 기반이 어디에 있는지가 리모트워크를 결정한다

많은 사람이 리모트워크와 재택근무를 동의어라고 생각하지만 리모트워크의 형태는 재택근무, 코워킹 스페이스 근무, 디지털 노마드, 외근, 해외 출장에 이르기까지 매우 광범위합니다. 이는 재택근무가 아니라도 이미 많은 직장인이 리모트워크의 형태로 일한 경험이 있다는 뜻입니다. 단순히 사무실에 나가지 않는 것이 리모트워크라고 오해하는 경우가 많지만, 그보다는 '사무실 출근이라는 개념 없이 일한다'는 표현이 더 정확합니다. 사무실은 존재하지만 사무실에 나가는 것이 곧 일하는 것은 아니며, 반대로 일을 위해서 꼭 사무실에 나갈 필요가 없는 것이지요.

실제로 리모트워크를 도입한 대부분의 회사는 오프라인 사무실을 함께 운영합니다. 어떤 회사는 직원들의 거주지를 중심으로 '거점 오피스'라고 불리는 소형 사무실을 구축해서 멀리 출근하지 않고 일할 수 있는 물리적인 공간도 제공합니다. 리모트워크의 핵심은 사무실 출근 여부가 아니라 '업무의 기반이 온라인에 있는가'이기 때문입니다.

사무실이 있든 없든 일하는 데 필요한 정보가 대부분 온라인에 있고 업무 프로세스도 온라인을 기반으로 세팅돼 있다면, 그래서 직원들이 언제 어디에서든 필요한 업무를 할 수 있다면 그 회사는 리모트워크가 제대로 도입됐다고 볼 수 있습니다. 반대로 일주일에 1~2회 재택근무가 가능하지만 사무실에 나오지 않으면 일을 정상적으로 하기 어렵다거나, 팀원들이 한 사무실에 없으면 커뮤니케이션이 수월하게 되지 않는다면 리모트워크가 잘 도입됐다고 보기 어렵습니다.

사무실 의자에 앉아 있는 것이 곧 일하는 것으로 간주되는 출퇴근 중심의 사고에서 벗어나, 업무 장소와 시간에 상관없이 성과에 영향을 주는 의미 있는 행위를 일로 여기는 새로운 인식을 받아들이는 것. 리모트워크의 진정한 가치는 바로 여기에 있습니다.

회의와 회식의 패러다임이 변하다

리모트워크의 핵심은 사무실의 유무가 아니라 업무의 기반을 온라인으로 전환하는 것입니다. 오프라인에서 온라인으로 물리적, 심리적 전환이 잘 이뤄지면 오토매틱처럼 100% 리모트워크도 가능합니다. 그렇다면 어떻게 사무실에 나가지 않고도 일할 수 있을까요?

모니터 속의 회의실, 화상 회의

리모트워크를 상상할 때 가장 많은 사람이 궁금해하는 것은 회의하는 방법입니다. 개인 업무야 사무실에서도 각자의 자리에서 하니까 상관없다고 쳐도 팀원들이 모여야 가능한 회의를 어떻게 비대면으로 할 수 있느냐는 겁니다. 매일 평균 2~3회의 크고 작은 회의를 해야 하는 직군이라면 단순한 문제가 아님이 분명합니다.

리모트워크에서 회의는 주로 화상 회의 툴로 진행됩니다. 화상 회의 시스템을 구축하려면 비용이 너무 많이 들지 않느냐고요? 10년 전만 해도 화상 회의를 하려면 수천만 원 상당의 첨단 화상 회의 시스템이 필요했습니다. 개인적인 차원의 구입이 불가능했기 때문에 사내에 '화상 회의실'이라는 별도 공간을 마련하고, 대형 모니터를 포함한 무거운 화상 회의 시스템을 구축해야 했습니다.

그러나 이제는 ICT 기술의 발전과 빨라진 인터넷 속도 덕분에 수천만 원에 달하던 화상 회의 시스템이 월 1만 원도 하지 않는 금액으로 우리의 노트북과 스마트폰에 들어왔습니다. 핸드폰을 사면 함께 따라오는 이어폰과 내장 마이크만 있으면 손쉽게 화상 회의가 가능합니다. 무선 인터넷이 제공되지 않는 장소에 있거나 이동 중일 때는 스마트폰의 데이터를 사용하는데, 유튜브 영상을 볼 수 있을 정도의 속도면 웬만한 화상 회의는 무리가 없습니다.

유독 회의가 많은 부서라 걱정이라면, 국내에서는 데이터 무제한 정액제를 활용하고 해외 출장 시에는 20기가바이트 데이터를 LTE 속도로 제공하는 5만 원 상당의 현지 심 카드를 활용할 수 있습니다.

개인의 취향이 반영되는 리모트 회식

최근에는 화상 회의 툴을 활용해 리모트로 회식을 하는 팀도 많아졌습니다. 직접 만나지 않고 각자의 컴퓨터 앞에서 하는 회식을 '화상 회식' 혹은 '랜선 회식'이라고 부르는데요, 코로나19 때문에 재택근무가 장기화되면서 새롭게 생겨난 문화입니다.

리모트 회식을 하는 방법은 어렵지 않습니다. 우선 팀 단톡방이나 사내 메신저의 투표 기능을 활용해서 회식 날짜를 정합니다. 요즘은 '근무 시간 밖의 회식은 개인의 선택'이라는 인식이 강해서 상사가 일방적으로 날짜를 정하지 않고 팀원들의 일정을 최대한 반영하는 추세입니다. 회식 날짜가 정해지면 문서를 하나 만들어 팀원들이 원하는 메뉴와 집 주소를 기록합니다. 이때 구글 스프레드시트나 노션 같은 무료 공유 문서를 활용하면 간단히 URL 하나로 전 직원의 주소와 메뉴를 취합할 수 있습니다.

이제 남은 일은 회식 날짜에 맞춰서 음식 배달을 예약하는 것. 배달 앱을 통해 직원 각자의 집으로 배달을 예약하고 결제도 미리 해 둡니다. 이후 리모트 회식이 진행될 화상 회의 URL을 공유하면 리모트 회식 준비는 모두 끝납니다. 회식 당일에는 시간에 맞춰 화상 회의 툴에 접속해서 배달된 음식을 먹으며 편안하게 이야기를 나누면 됩니다. 회식에 참여하는 사람이 많을 때는 진행자를 정해서 초반 30분을 리드하면 좀 더 짜임새 있는 회식이 될 수 있습니다. 회식에 참여한 사람들의 직급이나 부서가 다양할 때는 화상 회의 툴의 '소그룹 기능'을 활용해서 직급별, 부서별로 대화를 나누는 것도 추천합니다.

리모트 회식이 오프라인 회식을 완전히 커버할 수는 없지만, 화상 회의 툴을 통한 랜선 회식은 오프라인 회식의 치명적인 몇 가지 단점을 커버하기도 합니다.

우선 회식이 길어져도 다음 날 업무에 부담이 없습니다. 회식이 집에서 진행되기 때문에 모니터만 끄면 바로 잠자리에 드는 게 가능하기 때문입니다. 참가자 개개인이 좋아하는 음식을 먹을 수 있다는 것도 큰 장점입니다. 개인적으로 저는 육류와 술을 좋아하지 않아서 오프라인 회식에서는 늘 먹을 수 없는 음식 앞에서 배를 곯곤 했는데요, 리모트 회식에서는 내가 원하는 음식을 주문할 수 있어서 즐겁게 회식에 참여하고 있습니다. 리모트 회식을 하면 각자가 원할 때 회식 자리에서 나오는 것도 가능합니다. 오프라인 회식을 할 때처럼 집에 가고 싶어도 끝까지 자리를 지키고 있을 필요가 없습니다. 리모트 회식에서는 누구라도 채팅창에 간단히 인사를 남긴 후 조용히 로그아웃 버튼을 누르면 회식 자리에서 나올 수 있습니다.

'출퇴근=일' 공식을
버리면 얻는 것들

　예고 없이 닥친 코로나19로 인해 전 세계 기업들이 재택근무를 시행하면서 직장인들은 그 어느 때보다 리모트워크를 밀도 있게 연습할 수 있었습니다. 준비되지 않은 상태에서 변화에 적응하느라 몇 배로 힘들긴 했지만, 평소라면 수년이 걸렸을 교육 기간이 단 몇 개월로 줄어들면서 조직 전체가 리모트워크의 장점을 빠르게 학습할 수 있었던 것도 사실입니다.

　산업 사회와 함께 시작된 출퇴근 중심의 업무. 이 오래된 관행을 버리고 비대면 중심의 리모트워크로 전환하면 어떤 실질적인 이점이 있을까요?

매주 이틀 반을 버는 기적

우선 출퇴근을 위해 매일 길가에 버려지는 시간과 출근 준비를 위해 소모되는 시간을 아낄 수 있습니다. 일반적인 직장인이라면 보통 9시 업무를 시작하기 위해 늦어도 7시에는 기상을 합니다. 집에서 사무실까지 걸리는 시간이 대략 1시간이고 거기에 출근 준비 시간까지 합치면 약 2시간이 걸리기 때문입니다. 이렇게 순수하게 출퇴근을 위해 필요한 시간이 하루에 4시간이라고 하면 일주일만 돼도 20시간이 필요합니다. 보통 일주일에 40~45시간을 일한다고 생각하면 거의 절반에 가까운 시간입니다.

하지만 리모트워크를 하면 이 시간을 고스란히 가족이나 자기계발을 위해 쓸 수 있습니다. 난이도가 높은 프로젝트를 맡고 있다면 이 시간에 일을 더 할 수도 있고, 중요한 미팅이나 보고서를 한 번 더 검토할 수도 있습니다. 실제로 20시간이면 이틀 하고도 반나절을 더 일할 수 있을 만큼 긴 시간입니다.

제가 리모트워크 도입을 도왔던 한 회사는 이렇게 출퇴근으로 버려지는 시간을 아껴서 전반적인 업무 안정성을 높이는 데 활용했습니다.

이 회사가 리모트워크를 도입하고 3개월 후 진행한 '직원 시간 활용 설문'에 의하면, 직원들 대부분은 아침 7시에서 7시 30분 사이에 일어나서 샤워를 하고 커피와 간단한 아침 식사를 챙겨 컴퓨터 앞에 앉았습니다. 두 명 중 한 명은 아침 8시가 되면 본격적인 업무 모드에 들어갔고, 정식 업무가 시작되는 9시까지는 외부의 방해 없이 전날 업무를 정리하고 당일 해야 할 업무를 미리 검토할 수 있었습니다. 평소라면 지하철과 버스 안에서 몸과 마음이 만신창이가 돼 있었을 시간에 오히려 차분하게 업무 준비를 할 수 있었던 것입니다. 사무실 출근 시절, 9시에 맞춰 사무실에 도착하자마자 여기저기서 쏟아지는 메일과 메신저에 끌려다니던 것과는 대조적인 모습이었습니다.

출퇴근 시간뿐만이 아닙니다. 리모트워크를 하게 되면 집밥이나 배달 음식으로 점심을 해결하기 때문에 식사로 인한 이동 시간도 줄어듭니다. 마음만 먹으면 점심 식사를 간단히 마치고 짧은 낮잠을 자는 것도 가능합니다. 이렇게 업무 시간을 효율적으로 활용하면 저녁 6~7시만 돼도 웬만한 업무는 마무리를 지을 수 있습니다.

물론 초기에는 갑작스러운 라이프 사이클 변화에 적응하느라 일시적으로 효율이 낮아지지만, 조직적인 차원의 교육과 연습이 병행되면 단 1~2주 만에 효율적인 리모트워크 사이클로 진입할 수 있습니다.

일에 대한 몰입과 집중을 습관화할 기회

리모트워크의 또 다른 이점은 몰입과 집중입니다. 그래서 장시간을 방해 없이 집중해야 의미 있는 결과를 낼 수 있는 실무자에게 리모트워크는 매우 유용합니다.

코로나로 인해 부득이하게 7주간 리모트워크를 진행했던 한 기업의 경우, 리모트워크에 대한 긍정적인 반응은 중간 관리자보다 실무자에게서 세 배나 높게 나왔는데요 가장 큰 이유는 몰입과 집중 때문이었습니다.

제한된 기간 이뤄진 관찰과 기록에 의하면, 이 회사에서 실무급 직원이 사무실에서 일을 할 경우 평균 25분마다 직원들의 집중을 깨트리는 외부 자극이 있었습니다. 여기에서 말하는 외부 자극이란, 직원 본인이 선택하지 않은 비자발적인 업무 중단을 의미하는데요, 옆자리 동료의 질문이나 요청, 갑작스럽게 소집되는 회의, 예고에 없던 업무 지시, 주변 소음으로 인한 방해, 사무실을 오가는 직원이나 손님들의 인사 등이 여기에 속합니다. 이런 의도치 않은 방해 때문에 실무자들은 긴 시간의 집중이 필요한 작업에 몰입할 수 없었고, 결국 야근이나 업무 지연으로 이어지는 패턴을 보였습니다.

이에 반해, 리모트워크 환경에서는 실무자들이 원치 않는 방해를 좀 더 적극적으로 방어할 수 있었습니다. 메신저나 메일 알람 같은 외부 자극은 여전히 존재했지만, 온라인상의 자극은 대부분 중요도에 따라 직원 스스로 컨트롤이 가능해서 업무를 중단할 정도의 방해가 되지는 않았습니다. 또 갑작스럽게 진행되는 회의나 업무 지시는 리모트워크 업무 시 약 3분의 1 수준으로 줄어드는 양상을 보였습니다. 실제로 이 회사에 리모트워크가 정착되기 시작한 5~7주 차의 기록에 의하면, 실무자들은 본인이 필요한 경우 최대 4시간까지 외부의 방해가 없는 집중 업무 시간을 확보할 수 있다고 답변했습니다.

비로소 자리 잡는 성과 중심 문화

장기적인 관점에서 리모트워크가 갖는 최대의 이점은 성과 중심 문화의 정착입니다. 흔히 우리는 '일하는 것'과 '출근하는 것'을 동일하게 여깁니다. 사무실에 남보다 더 일찍 출근하고 더 늦게 퇴근하면 일을 잘하는 직원으로 여겨지고, 이런 관행 때문에 중요하지도 않은 내용을 파워포인트로 만들면서 노트북 앞에서 바쁜 척하는 직원들이 생겨납니다.

그러나 일하는 시간을 일일이 체크할 수 없고 어떻게 일하는지도 보이지 않는 리모트워크가 도입되면 이런 현상은 빠르게 줄어듭니다. 언젠가 페이스북에서 〈재택근무를 하면서 부장님이 알게 된 두 가지〉라는 포스팅이 많은 공감을 얻었는데요, 그 두 가지란, '말은 없지만 일을 잘하는 직원'과 '일은 안 하고 정치에만 능한 직원'이었습니다.

조직에 리모트워크가 정착되면 장시간 사무실에서 자리를 지키고 있는 직원보다는 의미 있는 결과를 만드는 직원들이 드러나기 시작합니다. 출퇴근에 가려졌던 진짜 성과가 보이기 시작하고, 일하는 시간과 생산성의 관계가 꼭 비례하지 않는다는 사실을 실감하게 됩니다. 출퇴근 자체에 대한 언급이 줄어들면서 '시간이 없어서'라는 핑계가 사라지고,

자연스럽게 성과에 집중하는 문화가 그 자리를 채웁니다. 일에 대한 개념이 출퇴근에서 성과로 옮겨 가면서 구성원들은 더 효율적이고 합목적적으로 업무 방향을 바꿔 갑니다.

리모트워크를 적극적으로 받아들이는 기업들

'워크 프롬 애니웨어(Work From Anywhere).' 리모트워크에는 특정 공간의 개념이 없습니다. 회사 안의 사무실이든 제3의 공간이든, 일하는 장소에 대한 제약 없이 필요하면 언제 어디에서든 일할 수 있는 체제가 바로 리모트워크의 핵심입니다.

공간에 구애받지 않고 일을 하려면 먼저 업무의 디폴트가 오프라인에서 온라인으로 옮겨져야 합니다. 사무실에 보관된 서류 없이는 일이 어렵다거나 회사 밖에서는 업무에 필요한 커뮤니케이션이 어렵다면 리모트워크는 원천적으로 불가능합니다. 웬만한 업무 자료는 온라인으로 열람할 수 있고, 조직 구성원들 간의 커뮤니케이션도 쉽게 온라인으로 가능해야 장소의 제약 없는 일 하기가 가능합니다. 그래서 많은 기업이 재택근무를 도입하기 전에, 종이 서류를 전자 파일로 변환하는 페이퍼리스(Paperless)나 온라인 협업 툴 도입을 먼저 진행합니다.

이렇게 언제 어디에서나 일할 수 있는 환경이 만들어지면 자연스럽게 일의 정의도 달라집니다. 앞서 여러 번 강조한 것처럼 공간의 개념이 들어간 출근이 아니라 성과에 영향을 주는 의미 있는 업무가 일이 됩니다.

전형적인 출근 개념을 버린 아웃도어 용품 기업

이번에 코로나19를 겪으면서 사무실에 대한 고정 관념을 과감하게 버린 기업이 많습니다. 위급한 상황에서 어쩔 수 없이 재택근무를 시작했지만, 막상 적응이 되니까 굳이 사무실에 가지 않아도 충분히 일이 가능하다는 사실을 확인했기 때문입니다. 어떤 회사는 '그동안 일이 아니라 출근을 하고 있었다'는 자조 섞인 반성을 하기도 했습니다.

어떤 기업은 이런 깨달음을 즉각 실행으로 옮기기도 했는데요, 미국의 아웃도어 용품 제조 판매사인 REI가 대표적입니다. 마이크로소프트, 아마존, 스타벅스같이 시애틀에 본사를 둔 REI는 1938년에 설립된 후 미국 전역에 140개의 매장을 소유할 만큼 큰 규모를 자랑합니다. REI의 코로나19 이전 연 매출은 우리나라 돈으로 무려 3조 원에 달했습니다. 이렇게 지속적으로 성장한 REI는 두 번째 본사를 짓기 위해 2016년 밸

뷰에 10만 평 규모의 부지를 구입해 2018년부터 본격적으로 공사를 시작했습니다.

그러던 중 2020년 코로나19 사태를 맞게 됐고, 다른 기업들처럼 본사 직원들은 재택근무에 들어갔습니다. 준비 없이 시작된 재택근무와 코로나로 인한 단기적인 실적 부진. 그러나 이것이 REI에 독이 되기만 한 건 아니었습니다. 이번 경험을 통해 경영진은 회사 운영과 업무 방식에 대한 오래된 가정을 다시 검토할 수 있었습니다. 특히 재택근무를 해도 업무에는 큰 지장이 없을 뿐 아니라 제대로만 정착되면 업무 효율이 올라가고 엄청난 비용 절감 효과도 있다는 걸 확인했습니다.

사무실에 대해서도 새로운 관점이 생겼습니다. 대도시 중심의 본사가 아니라 직원들의 거주지를 중심으로 한 분산 사무실을 고려하기 시작했습니다. 그 결과 REI는 2020년 8월 두 번째 본사가 올라가고 있던 부지를 매각하고 본격적인 리모트워크 준비에 돌입했습니다.

전형적인 출근 개념을 버린 사례는 IT 분야에서 더 쉽게 발견할 수 있습니다. 구글과 페이스북은 코로나19 이후 최소 1년 동안은 리모트워크 체제를 유지하기로 했고, 트위터의 CEO도 2020년 5월 전 직원의 무기한 리모트워크를 공식화했습니다. 특히 트위터는 지난 공식 발표 이후부터 빠르게 사무실을 폐쇄하고 해외 출장도 중단했습니다. IT 기업 중에서도 꽤 빠른 시간에 본격적인 리모트워크 준비를 마친 셈입니다.

'15분 도시'로 변신 중인 유럽 도시들

업무 공간에 대한 인식 변화는 기업만의 이슈는 아닙니다. 한 도시 전체가 시민들의 일하는 공간을 고민하는 곳이 있는데요, 바로 프랑스의 수도 파리입니다. 2020년 프랑스 파리 시장으로 당선된 안 이달고(Anne Hidalgo)의 핵심 공약 중 하나는 파리를 '15분 도시(15-Minute City)'로 만드는 것입니다. 직장, 병원, 학교, 쇼핑몰 등 삶에 필요한 모든 공간을 거주지(집)로부터 15분 거리 안에 배치함으로써 지역 주민의 삶의 질을 높이겠다는 겁니다.

현재 프랑스 파리를 선두로 이탈리아의 밀라노, 호주의 멜버른, 캐나다의 오타와, 덴마크의 코펜하겐, 네덜란드 위트레흐트 등이 15분 도시와 유사한 콘셉트로 도시의 새로운 비전을 실행으로 옮기고 있습니다. 기존에 없었던 새로운 개념인 만큼 가시적인 성과를 내기까지 시간은 좀 걸리겠지만, 이 콘셉트가 실현되면 이제 유럽의 대도시에서 아침저녁으로 2시간씩 출퇴근을 하는 직장인의 모습은 역사 속으로 사라질지도 모르겠습니다.

리모트워크 역량을 필터링하는 온라인 채용

우리나라는 아직 미국이나 유럽처럼 전폭적으로 리모트워크를 도입한 회사는 드뭅니다. 하지만 채용에서는 세계 어느 나라보다 신속하게 리모트워크에 대응하고 있으며, 이미 지원부터 최종 면접까지 전 과정을 온라인으로 진행하는 기업도 많이 생겼습니다.

이들도 처음에는 코로나로 인한 대면 면접의 리스크 때문에 어쩔 수 없이 리모트 채용을 준비했습니다. 하지만 횟수가 더해지면서 온라인 채용이 빠르게 안정화되기 시작했고, 이제는 신입 직원의 리모트워크 역량을 필터링하는 수단으로 활용하고 있습니다. 100% 온라인 채용을 통해 채용 시점부터 리모트로 일할 수 있는 역량을 확인하겠다는 것입니다.

심지어 LG전자는 채용뿐 아니라 인턴십 업무 자체를 온라인으로만 수행하는 파격적인 실험을 진행 중입니다. 인턴 직원은 한 달간 소속 부서의 팀장과 온라인으로 프로젝트를 수행하고 그 결과에 따라 정식 입사가 결정되는 방식인데요, 이렇게 채용된 신입은 그야말로 리모트워크 시대에 최적화된 인재가 아닐까 생각합니다.

국내 기업의 리모트워크가 유난히 어려운 이유

정도의 차이는 있지만 지금 전 세계는 리모트워크를 받아들이는 중입니다. 적어도 이제 리모트워크를 옵션이라고 생각하는 조직은 거의 없습니다. 하지만 이런 인식의 전환에도 불구하고 리모트워크는 어렵습니다. 재택근무에서 위성 사무실까지 다양한 방식으로 리모트워크를 시도하고 있지만 성공적이라고 말할 수 있는 곳은 흔치 않습니다. 리더의 인식도 바뀌었고 도입도 적극적인데 왜 리모트워크의 성공률은 그만큼 높지 않은 걸까요? 가장 큰 이유는 온라인 커뮤니케이션 때문입니다.

오프라인 커뮤니케이션에 비해 온라인 커뮤니케이션은 역사가 짧습니다. 게다가 온라인 커뮤니케이션이 조직에 도입된 건 최근 몇 년 사이의 일이다 보니 온라인 커뮤니케이션의 경험 자체가 절대적으로 부족합니다. 하지만 리모트워크가 어려운 데는 부족한 경험보다 온라인 커뮤니케이션의 메커니즘을 제대로 인식하지 못한 이유가 더 큽니다. 다시 말해, 오프라인 커뮤니케이션과는 다른 온라인 커뮤니케이션의 특징을 정확히 이해하지 못한 채 리모트워크를 시작해서 어려움을 겪고 있다는 의미입니다. 이 말은 온라인 커뮤니케이션의 핵심 메커니즘만 제대로 이해해도 리모트워크는 훨씬 쉬워질 수 있다는 의미입니다. 과연 온라인 커뮤니케이션은 오프라인 커뮤니케이션과 어떻게 다른 걸까요?

온라인 커뮤니케이션의 세 가지 특징

비대면(Untact)

온라인 커뮤니케이션은 기본적으로 비대면입니다. 커뮤니케이션의 주체들이 직접 대면하지 않고 각자의 공간에서 간접적으로 소통하기 때문에 이들을 물리적으로 연결하는 디지털 기기나 소프트웨어가 필요합니다. 이게 어떤 뜻인가 하면, 디지털 기기와 소프트웨어를 다루는 능력이 곧 온라인 커뮤니케이션의 질을 결정한다는 의미입니다. 컴퓨터 자판을 빠르게 치지 못하면 업무가 어려운 것처럼, 리모트워크에서는 디지털 기기를 다루지 못하면 소통 자체가 어렵습니다.

그래서 리모트워크 도입을 앞둔 조직에서는 본격적인 시행에 앞서 직원들이 디지털 기기에 익숙해질 수 있도록 충분한 교육을 제공하는 것이 좋습니다. 특히 디지털에 익숙하지 않은 50대 이상의 중간 관리자와 임원급을 위한 교육은 필수입니다. 이들은 의사 결정의 핵심이면서 동시에 디지털 업무에 가장 부담을 크게 느끼는 세대이기 때문입니다. 업력이 긴 조직의 경우 중요한 의사 결정이 대부분 이 레벨에서 일어나기 때문에, 여기 속한 리더들의 디지털 리터러시는 조직 전체의 커뮤니케이션 속도와 질에 큰 영향을 끼칩니다. 이 레벨의 교육이 충분히 이뤄지지 않으면 추후 리모트워크를 도입해도 커뮤니케이션이 온라인으로 좀처럼 전환되기가 어렵습니다.

표면적으로 드러나진 않지만, 조직의 디지털 리터러시 수준은 리모트워크의 성공을 결정하는 주요 요인 중 하나입니다. 디지털 기기나 온라인 툴을 다루는 능력은 태도 이전에 기술이며, 온라인 커뮤니케이션에는 무엇보다 연습과 경험이 필요하다는 점을 기억할 필요가 있습니다.

비동시(Asynchronous)

화상 회의를 제외하면 온라인 커뮤니케이션에서는 작든 크든 메시지의 시차가 존재합니다. 오프라인 커뮤니케이션은 100% 동시적이기 때문에 사무실에서만 일할 때는 대기 시간이라는 개념 자체가 없었습니다. 그래서 많이 하는 실수가 오프라인에서 주고받는 대화 방식을 온라인에서 그대로 적용하는 경우입니다. 이것이 어떤 의미인지 예시를 통해 구체적으로 살펴보겠습니다.

다음 예시에서 두 사람은 총 10개의 메시지를 주고받습니다.

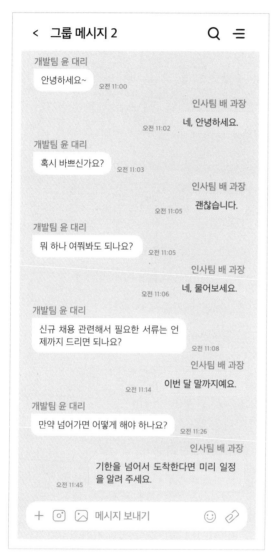

대기 시간의 개념이 없는 오프라인 커뮤니케이션(짧은 대화의 잦은 반복)

한 메시지가 전달된 다음 상대방의 반응이 오기까지의 시간을 '대기 시간'이라고 하는데요, 이 대화에서는 총 아홉 번의 대기 시간이 발생합니다. 이 말은 대화가 진행되는 동안 메시지 간의 시간 간격이 무한정 길어질 가능성이 아홉 번이나 존재한다는 의미입니다. 아홉 번 중에 한 번이라도 갑작스럽게 상사의 호출을 받거나 깜빡 잊고 메시지 확인을 못하면 이 대화가 끝나기까지 수십 분, 혹은 몇 시간이 걸릴 수도 있습니다. 아마 많은 분이 메신저로 일을 하면서 상대방의 답을 몇 시간씩 기다려 본 경험이 있을 겁니다.

그래서 온라인에서 커뮤니케이션을 할 때는 오프라인처럼 대화를 조각조각 쪼개기보다 가능하면 결론까지 포함해서 한 번에 전달하는 것이 좋습니다. 긴 메시지를 보내라는 의미가 아니라 핵심 위주로 간결하게 소통하되, 메시지 자체가 완결성을 갖도록 하는 것입니다.

대기 시간을 최소로 만들려면 형식적인 인사를 생략하고 내 상황을 간결하고 투명하게 먼저 공유하는 것이 좋습니다. 가능하다면 상대방의 답변을 예상해서 미리 정보를 주는 것도 좋은 방법입니다. 아홉 번으로 쪼개졌던 대화를 다음과 같이 하나의 완결된 뭉치로 전달하면 대기 시간은 한 번으로 줄어들고, 같은 내용도 더 빨리 마무리 지을 수 있습니다. 많은 사람이 온라인 커뮤니케이션의 비동시성을 인지하지 못해서 재택근무 시 커뮤니케이션을 특히 피곤하게 느낍니다.

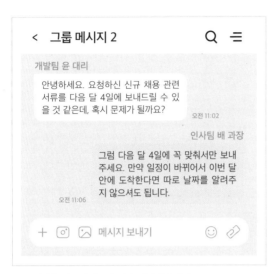

대기 시간을 최소화하는 온라인 커뮤니케이션(하나의 완결된 뭉치로 전달)

텍스트 기반(Text-based)

오프라인 커뮤니케이션에서는 말이 메인이고 그 말을 보충하는 것이 글이었다면 온라인에서는 반대입니다. 정보나 생각을 휘발성이 없는 텍스트로 먼저 전달하고 필요하면 전화나 미팅을 통해 말로 보충합니다. 온라인 커뮤니케이션은 기본적으로 공유와 검색이 전제이기 때문에 휘발성이 있는 말보다는 기록이 가능한 텍스트가 우선합니다. 물론 영상 검색 기술이 발전하면 다시 말이 메인이 되겠지만, 영상 검색 기술이 일반화되지 않은 지금으로서는 텍스트가 온라인 커뮤니케이션의 중심입니다.

이런 이유로 리모트워크에서는 글쓰기 역량이 중요합니다. 감동을 주는 예술적 글쓰기나 논문 수준의 논리적 글쓰기는 아니라도 자신의 생각을 쉽고, 간결하고, 명확하게 전달하는 글쓰기를 잘해야 온라인에서 동료들과 효과적으로 업무 커뮤니케이션을 할 수 있습니다.

　그렇다면 리모트워크에 적합한 글쓰기는 어떻게 연습할 수 있을까요? 온라인 특강이나 글쓰기 책 등 다양한 방법이 있지만, 일상에서 연습하는 간단한 방법은 소셜 네트워크 서비스(SNS)를 이용하는 것입니다. 우선 SNS 친구들의 포스팅에 한두 문장의 댓글을 달면서 짧은 글쓰기를 연습합니다. 그런 다음에는 다섯 개 정도의 문장의 짧은 포스팅을 직접 올려 보고, 이게 익숙해지면 블로그같이 호흡이 긴 글쓰기에도 도전해 봅니다. 이렇게 소셜 네트워크를 통해 일상에서 짬짬이 글 쓰는 경험을 쌓다 보면 자신도 모르게 리모트워크에 유용한 온라인 글쓰기 능력이 레벨업 되어 있을 것입니다.

업무 진행 속도를
두 배로 올리는 화상 회의

'직장생활 중에서 가장 비효율적이라고 생각하는 업무는 무엇인가요?'라는 질문으로 설문 조사를 실시하면 항상 상위권을 차지하는 답변 중 하나가 '회의'입니다. 갑작스럽게 소집되는 회의 때문에 하던 일을 멈춰야 하는 경우도 있고, 안건이 명확치 않아 회의가 함흥차사 길어지는 경우도 있습니다. 어떤 회의는 참석자가 너무 많아서 회의 날짜를 정하는 데 꼬박 반나절이 걸리기도 합니다.

아무리 교육을 해도 바뀔 것 같지 않던 비효율적인 회의 문화. 그런데 이런 분위기가 최근 바뀌고 있습니다. 화상 회의 덕분입니다. 코로나19로 재택근무를 시작하면서 직장인들이 빠르게 화상 회의에 익숙해졌기 때문입니다. 처음에는 대면 회의가 어려운 상황이라 어쩔 수 없이 시작했지만, 초반의 낯설음이 사라지니 대면 회의와는 비교할 수 없는 편리함이 느껴졌습니다. 온라인 새벽 배송에 익숙해지면 더는 마트에서 시간을 허비하고 싶지 않은 것처럼, 화상 회의에 익숙해지고 나니 오프라인 미팅을 준비하느라 낭비했던 시간이 그렇게 아까울 수가 없습니다.

사실 화상 회의를 단순히 대면 회의의 온라인 버전이라고만 생각하면 여기저기 탐탁지 않은 점이 많습니다. 미팅을 시작할 때마다 링크를 공유하는 것도 번거롭고, 모니터의 화질과 음질도 매번 신경이 쓰입니다. 하지만 화상 회의를 온라인 기반의 새로운 커뮤니케이션으로 바라보면 대면 회의를 대신하는 것을 넘어 이전에는 상상할 수 없던 가능성과 장점이 눈에 들어옵니다. 그래서인지 요즘에는 대면 회의가 가능함에도 화상 회의를 선택하는 직장인이 늘고 있는데요, 화상 회의의 어떤 실질적인 이점이 있을까요?

의사 결정이 빨라집니다

회의를 화상으로 진행하면 의사 결정이 빨라집니다. 진행 중인 업무에 이슈가 생겨서 논의가 필요할 때, 오프라인 회의를 잡으려면 적어도 다음 날이나 그 이후가 돼야 필요한 사람들이 한곳에 모일 수 있는 스케줄이 나옵니다. 참석자의 수가 늘어날수록 스케줄링의 난이도가 급격하게 높아져서 어떤 때는 팀원 전원이 참석할 수 있는 회의가 일주일 후에야 겨우 가능할 때도 있습니다. 이런 경우에는 회의 일정을 잡는 데만 반나절이 걸리기도 합니다.

하지만 이 회의를 온라인에서 진행하면 이야기가 달라집니다. 참석자가 시차가 큰 해외에 있는 경우를 제외하면 모든 참가자가 당일에 온라인에 접속할 수 있는 시간이 한두 개쯤은 나옵니다. 안건이 짧아 30분 이내에 끝낼 수 있는 회의라면 1~2시간 이내로도 가능하고요. 화상 회의를 하면 참석자 모두가 한 장소에 모일 수 있을 때까지 논의가 지연되지 않기 때문에 그만큼 의사 결정이 빨라집니다. 빠른 의사 결정은 빠른 실행으로 이어지며, 같은 성과를 만들어 내는 데 들어가는 시간과 기회 비용을 줄여 줍니다.

회의 시간이 줄어듭니다

오늘 오후에 사무실 밖에서 협력사와 미팅이 있다고 가정해 보겠습니다. 실제 논의는 1시간이면 충분하지만, 사무실에서 미팅 장소까지 오가는 시간과 이동을 위한 준비까지 포함하면 반나절이 훌쩍 가 버립니다. 외부 미팅이 2개면 하루가 끝난다는 우스갯소리도 있습니다.

화상 회의를 하면 시간 낭비가 제로입니다. 논의가 1시간이면 필요한 시간도 1시간입니다. 예상한 시간보다 더 일찍 끝나는 경우도 많습니다. 업무 공간과 회의 공간이 물리적으로 분리되지 않아서 회의 시간을 꽉 채우려는 관성이 줄어듭니다. 또 화상 회의가 익숙해질수록 본격적인 논의에 들어가기 위한 워밍업과 논의 후의 랩업이 빨라져서 웬만한 안건은 30~40분 안에 결론이 도출됩니다.

물론 화상 회의를 처음 하는 경우라면 소프트웨어 설치와 각종 세팅에 적지 않은 시간을 들여야 하지만 이런 세팅은 한 번이면 충분합니다. 게다가 화상 회의 기술이 좋아질수록 이 초기 세팅에 들어가는 시간도 짧아지고 있습니다.

본질에만 집중합니다

한 공공 기관의 스마트워크 프로젝트 킥오프 미팅 때였습니다. 6명이 참석하는 회의였는데, 과도할 정도의 테이블 배치는 물론이고 손수 준비한 종이 명패에 외부에서 산 음료수까지 마련돼 있었습니다. 참석자를 배려한 마음은 고마웠지만, 이 세팅을 위해 팀원 중 누군가는 반나절은 소비했을 거라고 생각하니 마냥 기쁘지만은 않았던 기억이 납니다.

화상 회의에서는 이런 번거로운 준비가 필요하지 않습니다. 개설 버튼 하나면 즉시 회의 참여 링크가 만들어지고, 약간의 설정을 더하면 이 링크마저도 참석자에게 자동으로 전달됩니다. 회의 주최자는 회의실 예약이나 테이블 세팅 같은 부수적인 준비에 시간을 쓰는 대신 회의 안건에만 집중할 수 있습니다.

화상 회의가 빠르게 늘어나면서 최근에는 참석자를 위한 가상 배경과 메이크업 앱도 등장했습니다. 가상 배경은 참석자들의 프라이버시를 보호하며 주변의 시각적인 방해도 최소화해서 인기가 많습니다. 가상 메이크업은 재택근무를 하다가 회의에 참석할 경우 헤어나 메이크업을 해야 하는 번거로움을 덜어 줍니다. 이런 보조 기능이 대중화되면서 참석자들도 카메라를 덜 의식하고 회의 안건에만 집중할 수 있게 됐습니다.

회의록 부담이 줄어듭니다

모든 회의에 회의록이 필요한 건 아니지만, 중요한 안건이 있다거나 의사 결정이 필요한 회의는 가능하면 회의록을 통해 주요 내용을 기록하는 것이 좋습니다. 회의록과 관련된 전형적인 이슈들은 대략 이렇습니다. 회의를 마친 후에 참석자 중 누군가가 회의록 작성에 적지 않은 시간을 써야 한다는 점, 그래서 어떤 경우에는 회의가 끝난 다음 날에야 회의록이 공유된다는 점, 그런데 정작 회의록을 제대로 읽는 사람은 거의 없다는 점입니다.

하지만 화상 회의에서는 이런 이슈를 쉽게 줄일 수 있습니다. 온라인 공유 문서를 통해서 참가자들이 회의록을 동시에 작성하면 별도의 노력을 들이지 않아도 회의가 종료됨과 동시에 회의록도 완성됩니다. 회의가 끝난 후에도 회의록 링크만 공유하면 누구나 쉽게 미팅 내용을 확인하고 코멘트를 달 수 있지요. 어떤 회사는 공유 캘린더에 있는 메모 기능을 회의록으로 활용함으로써 회의록 작성이나 열람에 들어가는 시간을 줄이고 있습니다.

아직도 많은 직장인이 화상 회의 같은 비대면 커뮤니케이션에 익숙하지 않습니다. 온라인상의 커뮤니케이션을 원활하게 만든 ICT 기술의 발전이 비교적 최근 일이기 때문입니다. 온라인 커뮤니케이션의 효율성에 대한 인식이 바뀌기 시작한 것은 기술의 발전보다 더욱 최근이고요.

화상 회의 기술은 2010년을 기점으로 지속적으로 업그레이드됐지만 정작 우리는 코로나19 이후에야 노트북에 화상 회의 프로그램을 설치하기 시작했습니다. 그러니 오랜 역사를 가진 대면 커뮤니케이션에 비해 화상 회의 같은 비대면 커뮤니케이션을 연습할 시간은 거의 없었던 게 사실이지요.

효율은 익숙함을 전제로 합니다. 내가 익숙하지 않으면 아무리 좋은 툴도 효율적이라고 느끼기 어렵습니다. 화상 회의 같은 새로운 업무 방식에 대한 열린 마음도 중요하지만, 이용 경험과 절대적인 연습량이 꼭 필요한 이유가 여기에 있습니다. 지금까지 소개한 화상 회의의 장점을 우리 조직의 경쟁력으로 내재화하기 위해서는 실제 업무에서의 사용 경험이 선행돼야 합니다.

화상 회의를
효과적으로 운영하는 팁

코로나19 이후 화상 회의 수가 급격하게 늘었습니다. 대표적인 화상 회의 툴인 '줌'의 선두로 국내외의 화상 회의 프로그램의 다운로드 수는 작년과 비교할 수 없을 만큼 증가했습니다. 개인적으로도 업무 미팅의 3분의 2 이상이 화상 회의로 전환됐습니다. 처음에는 오프라인 미팅이 어려우니 일시적으로만 온라인으로 미팅을 하자는 생각이었는데, 화상 회의 툴과 방식에 익숙해지니 이제는 클라이언트가 먼저 "간단히 온라인에서 뵐 수 있을까요?"라며 화상 회의를 요청합니다. 시간적 효율이 높은 건 물론이고, 화면 공유나 동시통역 같은 기능까지 있어서 대면 회의보다 화상 회의가 낫다는 이야기도 들립니다. 이렇게 활용 가능성이 높은 화상 회의를 어떻게 효과적으로 운영할 수 있을까요?

회의는 목적에 따라 크게 두 가지로 나뉩니다. 정보 공유가 중심인 중간 사이즈의 회의가 있고, 참여자 간의 논의가 중심인 작은 사이즈의 회의가 있습니다. 회의의 목적이 다르면 규모와 참석자의 니즈도 달라지기 때문에 효과적인 회의 운영을 위한 포인트에도 차이가 있습니다.

논의형 회의

3~4명 내외로 참석하는 논의 중심 회의에서 중요한 것은 '참가자들이 얼마나 활발하게 의견을 교류할 수 있는가'입니다. 적극적인 의견 교류를 위해서 가장 중요한 내용은 논의할 안건을 숙지하는 것입니다. 회의에서 어떤 내용을 논의할 것인지를 충분히 이해하고 관련 자료도 미리 읽은 상태여야 회의가 시작됐을 때 본격적인 논의 모드로 들어갈 수 있기 때문입니다.

이 점은 오프라인의 대면 회의나 온라인의 화상 회의나 다르지 않습니다. 회의에서는 참가자가 미리 숙지한 내용을 기반으로 속도감 있게 의견이 오가야 제한된 시간 안에 결론을 도출하고 액션 플랜도 짤 수 있습니다. 사전 준비가 제대로 되지 않아서 초반 10~20분을 안건 소개로 써 버리면 정작 본론을 깊이 있게 논의하지 못한 채 회의가 끝나기 십상입니다. 마무리되지 않은 미팅을 보충하기 위해 다시 후속 회의를 열어야 할 수도 있고요.

이런 비효율을 막으려면 화상 회의를 개설할 때 회의 제목과 시간만 입력할 것이 아니라 회의에서 다룰 구체적인 안건을 명확하게 밝히는 것이 좋습니다. 논의를 위해 미리 읽어야 할 보고서나 현황 자료가 있다면 이 역시 PDF 파일로 변환해서 초대장에 첨부합니다.

회의 당일에는 가능하면 사전에 공유된 안건 중심으로만 회의를 진행하고, 도중에 추가되는 안건은 다음 회의로 미루도록 합니다. 마음이야 모두가 모였을 때 할 수 있는 이야기를 다 하고 싶겠지만, 이렇게 되면 반대로 원래 안건에 대해서 충분한 논의가 이뤄지지 않은 채 회의가 끝나버릴 수 있습니다. 회의 중에는 가능하면 안건을 임의로 추가하지 않아야 조직 전반적으로 사전에 준비하고 참여하는 회의 문화가 형성됩니다.

활발한 논의를 위해서는 화상 회의를 위한 세팅도 중요합니다. 대부분의 화상 회의 프로그램에서는 개설자가 참가자의 마이크 상태를 설정할 수 있는데요, 소수가 참석하는 논의형 회의에서는 마이크 디폴트를 '온(ON)'으로 세팅하는 것을 추천합니다. 이렇게 하면 참가자가 마이크 세팅을 별도로 하지 않아도 체크인을 하자마자 자연스럽게 인사를 나눌 수 있어서 분위기가 좋아지고, 그러는 동안 자연스럽게 볼륨도 조정할 수 있습니다.

실제로 화상 회의에 참석해 보면, 영상은 퀄리티가 조금 낮아도 논의에 방해가 되지 않는 데 반해서 음성 퀄리티가 낮으면 참가자들이 논의에 집중하는 데 어려움을 겪습니다. 그래서 화상 회의에서는 카메라 세팅보다 마이크 세팅이 훨씬 중요합니다.

가끔 이런 특징을 간과하고 별도의 마이크나 이어폰 없이 화상 회의에 참석하는 사람들이 있는데요, 이는 본인을 제외한 참석자들에게 큰 실례가 될 수 있습니다. 별도의 마이크가 없으면 화상 회의 참가자들이 그 사람 주변의 사소한 잡음을 회의 내내 들어야 하기 때문에 비매너고, 이어폰이 없으면 그 사람과 같은 사무실을 쓰는 사람들에게 소음을 만들기 때문에 민폐가 됩니다.

화상 회의의 세팅이 제대로 됐다면 이제 참가자들이 안건 중심으로 속도감 있게 의견을 주고받는 것만 남았습니다. 논의형 회의의 목적은 여러 사람이 의견을 주고받는 것이지 한두 사람의 생각을 일방적으로 전달하는 것이 아닙니다. 그렇기 때문에 한두 명의 참석자가 발언을 독점해서는 안 되고, 한 사람의 발언이 20초 이상 길어지지 않도록 신경 쓰는 것이 좋습니다. 20초는 대략 3~4문장을 이야기할 수 있는 시간인데요, 1시간 내내 모니터에 집중해야 하는 화상 회의에서는 한 사람의 발언이 길어지면 참가자의 피로감도 급격히 높아집니다. 카메라로 내 얼굴이 보이기 때문에 자리를 뜨는 사람은 없겠지만, 모니터에 새 창을 띄워 이메일을 읽고 있을지는 모를 일입니다.

다시 강조하지만, 논의형 미팅에서는 테니스공을 주고받듯 짧은 대화가 자주 오가는 것이 관건이고, 이를 위해 문장과 문장 사이에 의도적으로 침묵하는 것도 요령입니다. 상대가 대화에 끼어들 타이밍을 알려 주는 것입니다. 이렇게 하면 전체 참석자가 고르게 발언을 할 수 있을 뿐 아니라, 인터넷 속도 때문에 마이크가 물리는 상황도 줄일 수 있습니다.

정보 공유형 회의

기본적인 준비는 논의형 회의와 동일하지만, 정보 공유형 회의는 목적이 '논의'보다는 미리 준비한 정보의 '공유'에 맞춰져 있다는 점, 그리고 회의 참가자가 논의형 회의보다 훨씬 많다는 점에서 고려할 포인트가 다릅니다. 우선 고려해야 할 것은 시간에 대한 민감도입니다. 정보 공유형 회의는 정시에 시작하고 정시에 마치는 것을 전제로 회의에 참석해야 합니다. 참가자가 많아서 임의로 일정을 변경하기가 거의 불가능하기 때문입니다. 게다가 참석자들은 화상 회의 전후에 다른 스케줄이 있을 가능성이 높습니다. 화상 회의 간 전환에는 1분이 채 안 걸리기 때문에, 요즘처럼 바쁠 때는 화상 회의 두세 개가 연달아 있는 경우도 흔합니다.

화상 회의에서 정시 시작과 정시 종료는 기차 스케줄만큼이나 중요합니다. 기차 한 대가 연착되면 그날 줄줄이 기차가 연착되고 중요한 일정을 놓칠 수도 있습니다. 이런 상황을 만들고 싶지 않다면, 회의실은 1시간 전에 오픈하고 주최자는 늦어도 10분 전에 참석자들과 워밍업을 시작하는 것이 좋습니다. 회의 시간에 닥쳐서 화상 회의를 어디서 하느냐고 묻는 사람이 없도록 접속 링크는 필히 사전에 공유해야 합니다. 또 참석자가 많은 회의인 만큼 논의형 회의와는 반대로 참석자의 마이크 볼륨을 '오프(OFF)'로 설정해야 혹시 모를 소음 사고에 대비할 수 있습니다.

주요 발제자들의 마이크 볼륨이나 음질은 미팅 전날 여유 있게 확인해야 하는데요, 설마 하는 마음으로 사전 확인을 생략했다가 발표자 마이크에 문제가 생겨 10분 이상 지연되는 회의를 수없이 봤습니다. 화상 회의에서는 음질이 중요한 만큼 마이크의 연결 상태는 몇 번을 확인해도 지나침이 없습니다.

정보 공유형 미팅의 참석자가 다수이기 때문에 특히 신경 써야 하는 것이 있는데요, 바로 실시간 채팅창입니다. 발제자 한두 명이 회의를 리드하는 정보 공유형 회의에서는 참석자가 지루해하거나 집중력을 잃기가 쉽습니다. 이때 주최자가 메인 발표가 진행되는 동안 채팅창을 열어서 영상과 채팅, 두 트랙으로 회의를 운영하면 참석자들의 몰입도를 높일 수 있습니다. 채팅창에서는 영상으로 진행되는 내용에 대해 자유롭게 의견을 나누거나 관련 질문을 할 수도 있습니다. 이렇게 하면 마치 축구 경기를 함께 관람하며 이야기를 나누는 것 같은 느낌이 들어서 참가자들의 집중력도 쉽게 흩어지지 않습니다. 회의 진행자의 재량에 따라서는 오프라인 미팅보다 훨씬 많은 피드백과 질문을 채팅창으로 유도할 수도 있습니다.

코로나19로 오프라인 회의가 불가능했던 지난 몇 달 동안 많은 사람이 화상 회의에 익숙해졌습니다. 화상 회의가 단순히 오프라인 미팅을 온라인으로 옮겨 놓은 것이 아니라, 온라인상의 새로운 협업 방식이라는 걸 이해하기 시작하면서는 온라인 커뮤니케이션의 가능성에도 눈뜨기 시작했습니다. 화상 회의라는 언택트(Untact) 커뮤니케이션의 언리미트(Unlimit)한 활용. 앞으로 화상 회의가 우리의 업무를 얼마나 더 효율적이고 더 효과적으로 만들어 줄지 스마트워크 디렉터인 저도 기대가 큽니다.

리모트워크를 어렵게 만드는 조직 문화와 고정 관념

이렇게 많은 이점이 있음에도 불구하고 리모트워크가 조직에 정착되는 속도는 생각보다 더딥니다. 코로나19로 리모트워크의 필요성을 느끼는 기업은 늘어났지만, 안정적인 업무 방식으로 자리 잡기까지는 더 많은 노력과 시행착오가 필요해 보입니다.

어떤 기업은 최고 의사 결정자가 적극적인 리모트워크를 도입을 발표했지만 중간 관리자들의 은근한 방해로 애를 먹기도 합니다. 이들은 리모트워크 정책을 대놓고 비판하지는 않지만, 팀원들에게는 '리모트워크 신청하려면 일부터 제대로 해'라면서 엄포를 놓습니다. 어떤 중간 관리자는 재택근무가 예정된 직원에게 이른 아침 사무실 회의에 참석하라고 지시하는가 하면, 재택근무를 할 때는 근무 시간 내내 화상 회의 카메라를 틀어 놓는 룰을 만들기도 합니다.

저희가 리모트워크 도입을 도왔던 회사 중에는 재택근무를 할 때면 시간 단위의 업무 계획서를 제출하라는 팀장 때문에 차라리 사무실에 나가는 게 마음이 편하다는 직원도 있었고, 집에서 일을 하긴 하느냐는 상사의 비아냥 때문에 스트레스를 받는 직원들도 있었습니다.

이처럼 리모트워크의 도입을 어렵게 하는 기업 문화와 고정 관념에는 어떤 것들이 있을까요?

효율보다 근태를 중시하는 조직 문화

대놓고 말하지는 않지만 정해진 시간보다 일찍 출근하거나 자주 야근하는 직원을 성실하다고 생각하는 리더가 많습니다. 올해로 12년째 대기업에서 근무하는 한 차장님은 직원이 자리에 없으면 "일은 안 하고 어딜 바삐 놀러 다니는지 몰라"라면서 불편한 마음을 드러내는데요, 이런 근태 중심의 업무 문화는 리모트워크의 정착을 늦추는 일등 공신입니다. 반대로 늦게까지 일하는 직원에게 "오늘 늦게까지 열심히네"라며 칭찬하는 것 역시 리모트워크에 독이 되기는 매한가지입니다. 효율적으로 일을 빨리 끝내는 것보다 오래 일하는 것에 더 큰 가치를 부여하는 리더의 모습이 드러나기 때문입니다.

이런 근태 중심의 조직 문화에서는 아무리 CEO가 리모트워크를 강력하게 추진해도 직원들이 리모트워크를 신뢰하지 못합니다. 자신의 성과 평가와 승진을 좌지우지하는 직속 상사가 근태를 중요시한다는 걸 알기 때문입니다. 이들에게는 '언제 어디에서나 일할 수 있다'는 말은 인사팀의 캠페인 문구일 뿐 실질적인 영향력이 없습니다.

하나하나 챙겨야 좋은 리더라는 생각

일하는 모습이 눈에 보여야 안심이 되고 팀원들의 업무를 일일이 확인해 줘야 마음이 놓이는 것은 세심함이 아니라 직원에 대한 불신에 가깝습니다. 일에 대한 지나친 꼼꼼함 때문이라고 합리화하는 리더도 있지만, 그런 꼼꼼함은 대부분 성과로 이어지지 않습니다.

실제로 직원들은 마이크로 매니지먼트를 하는 상사에게 챙겨 줘서 고맙다는 마음보다 불쾌감을 먼저 느낍니다. 성인인 자신을 주어진 일 하나도 제대로 못 하는 어린애처럼 취급하기 때문입니다. 직원을 일일이 챙기고 하나하나 알려 줘야 좋은 리더라는 생각은 아이러니하게도 자신만이 옳은 판단을 할 수 있다는 자만에서 나옵니다. 이런 리더는 리모트워크를 위한 기술조차 철저한 마이크로 매니지먼트 수단으로 사용합니다. 재택근무를 하는 직원에게 시간 단위의 업무 스케줄을 요구하거나 일하는 내내 캠을 켜 놓으라고 지시하기도 하지요.

믿고 맡긴다는 건 팀원의 업무에 관심을 끄라는 의미가 아닙니다. 리모트워크에서는 사무실에서 일할 때보다 상사의 가이드와 피드백이 몇 배 더 중요합니다. 하지만 업무상 중요한 마일스톤을 팀원들과 미리 합의했다면 적어도 그들이 마일스톤에 도착할 때까지는 믿고 맡겨 줄 필요가 있습니다. 내비게이션 기술이 발달해서 주소만 알면 어디든 찾아갈 수 있는 시대에 일일이 약도를 그려 주며 10분마다 전화해서 위치를 확인하는 것은 관심이 아니라 방해입니다. 이런 방식은 효율성의 관점에서도 득이 되지 않습니다.

내가 만든 자료는 내 것이라는 생각

리모트워크가 가능하려면 직원들이 업무에 필요한 정보와 자원을 적극적으로 공유해야 합니다. 여기에서 '적극적'이라는 말은 업무와 관련된 정보와 자원은 공유가 디폴트라는 의미입니다. 필요한 자료가 있을 때마다 담당자에게 자료 공유를 요청하는 소극적인 차원의 공유가 아니라, 특별 보안이 필요한 자료를 제외하고는 모든 자료가 직원들에게 공유되는 적극적인 차원의 공유가 필요합니다. 그래야 실질적으로, 누구나, 언제, 어디에서든 일을 할 수 있습니다.

'내가 만든 자료는 내 소유'라고 생각하는 직원이 많은 회사는 기술이 아니라 기업 문화 때문에 리모트워크가 어렵습니다. 안타깝게도 국내의 많은 직장인은 자기가 작성한 문서나 자료를 상시적으로 다른 직원과 공유하길 꺼립니다. 특별히 요청받았을 때만 자료를 공유하는 게 당연하다고 생각합니다. 공식적으로도 실질적으로도 회사의 공용 자원에 속하는 각종 자료를 개인의 로컬 컴퓨터에 보관합니다. 이렇게 정보가 로컬화돼 있으면 필요한 자료가 있을 때마다 공유를 요청해야 하기 때문에 리모트워크가 어렵습니다. 업무 자료의 광범위한 공유가 이뤄지지 않은 상태에서 리모트워크를 강행하면 자칫 업무 전반의 효율이 주저앉을 수 있습니다.

리모트워크에 대한
흔한 오해

리모트워크의 성공 조건 중 하나는 최고 의사 결정자의 의지입니다. CEO가 먼저 필요성을 느껴서 리모트워크를 도입한 경우, 임원들의 추진력은 어떤 회사보다 강력하지만 정작 정책을 만들고 실행하는 실무자들은 리모트워크를 반신반의하는 경우가 많습니다. 그래서일까요? 임원 없이 진행되는 첫 번째 실무 미팅은 어김없이 중간 관리자들의 크고 적은 우려로 가득합니다.

이들의 우려는 매우 실질적이고 구체적이지만 막연한 두려움과 오해에서 기인하는 것도 많습니다.

직원들이 나태해질 것이다?

리모트워크에 대한 가장 흔한 오해는 직원들이 나태해질 것이라는 생각입니다. 일하는 모습이 눈에 보이지 않으니 일을 게을리한다는 것이지요. 실제로 한 대기업 팀장님은 재택근무를 시작하면서 팀원들이 업무 시간에 침대에서 넷플릭스를 시청하는 장면을 자주 떠올렸다고 합니다. 직원들을 믿으리라 다짐하다가도 그런 상상이 들면 불안감에 휩싸였고, 특별한 일이 없는데도 팀원에게 메시지를 보내서 얼마나 빨리 답이 오는지 확인하곤 했답니다.

실제로 많은 리더가 리모트워크 초기에 비슷한 경험을 합니다. 팀원들이 일을 안 해서가 아니라 직원들에 대한 불안감에 자기가 일을 못 할까 봐 리모트워크를 반대한다고 고백한 팀장님도 있었습니다.

하지만 리모트워크를 하면 직원들이 나태해질 거란 생각은 기우에 가깝습니다. 재택근무 초기에는 직원들의 업무 팔로업이 전처럼 빠르지 않아서 일을 게을리하는 것처럼 느껴질 수 있습니다. 하지만 재택근무 일수가 늘어나면 그에 비례해서 업무 속도도 늘어납니다. 만약 수개월이 지났는데도 여전히 직원들이 게으른 것 같다면, 이는 리모트워크의 문제가 아니라 리더십의 문제일 수도 있습니다. 상사의 지시와 관리 없이는 스스로 일을 못 할 만큼 팀원들에게 비전과 목표가 공유되지 않았을 가능성이 높습니다.

중간 관리자의 불안감 역시 직원들을 믿지 못해서라기보다는 일이 어떻게 진행 중인지를 몰라서일 때가 많습니다. 한 부서의 책임자로서 일이 진행되는 상황을 알아야 성과 관리를 할 수 있는데, 보고서나 미팅 외에는 업무 상황을 공유받는 방법을 모르니까 재택근무를 하는 직원에게 시간별 업무 계획을 제출하라는 무리한 요구도 하게 됩니다. 평소에 온라인 협업 툴이나 공유 문서를 통해 수시로 업무 현황을 공유하고 있었다면 이런 무리한 지시는 없었을 겁니다.

소수이긴 하지만 리모트워크를 통해 업무 태만이 드러나는 직원도 있습니다. 그러나 리모트워크가 이들을 나태하게 만든 것이 아니라, 리모트워크를 통해서 원래 모습이 드러났다는 것이 맞습니다. 사무실에서 바쁘게 키보드만 두드리면 열심히 일하는 직원이 되고, 노트북을 들고 바쁘게 회의실을 오가면 중요한 업무를 하는 직원이 되는 환경에서는 드러나지 않았던 교묘한 업무 태만이 일하는 척이 불가능한 리모트워크에서 발가벗겨진 것입니다. 다양한 조직과 프로젝트를 진행한 스마트워크 디렉터의 입장에서는 리모트워크만큼 한 조직의 민낯을 보여 주는 것도 드문 것 같습니다.

소속감이 약해질 것이다?

근무 태만 다음으로 흔한 오해는 리모트워크를 하면 직원들의 소속감이 줄어들 것이란 생각입니다. 매일 얼굴을 보지도 못하고 회식이나 단합 대회도 어렵기 때문에 직원들이 조직에 소속감을 느끼기 어렵다는 것입니다. 이 걱정은 어느 정도 사실입니다. 그동안 소속감을 느낄 수 있는 행사나 이벤트는 대부분 오프라인에서 이뤄졌기 때문에 오프라인 행사가 줄어들면 소속감을 느낄 수 있는 기회 자체가 줄어들게 됩니다.

이를 보완하는 방법은 반대로 소속감을 높일 수 있는 온라인 행사를 늘리는 것입니다. 한 달에 한 번, 전 직원이 사내 강당에서 듣던 특강을 온라인으로 전환하고 채팅창을 통해 특강 주제에 관한 즉석 토론을 할 수도 있습니다. 온라인 취미/교육 프로그램에 팀원 전체가 함께 참여하는 것도 좋은 방법이고, 전문 교육기관을 통해서 기존의 오프라인 워크숍을 온라인으로 전환하는 것도 가능합니다. 특히 코로나19 이후에는 기발한 온라인 프로그램이 많이 개발돼서 마음만 먹으면 오프라인보다 훨씬 알찬 시간을 보낼 수 있습니다. 요즘에는 재택근무 기간이 길어지면서 화상 회의 툴을 통해 리모트 회식이나 랜선 휴식을 즐기는 직장인도 많아졌습니다.

온라인 행사를 늘리려는 노력과 더불어, 일주일에 하루 이틀 정도는 팀원 모두가 함께 일하는 날을 정하는 것도 좋습니다. 이때는 혼자 할 수 있는 일보다는 팀원들과 논의가 필요한 업무를 주로 하고, 업무 스케줄도 평소보다 여유롭게 짜서 동료들과의 교류에 적극적으로 참여하는 것이 좋습니다.

리더라면 이날을 이용해 팀원들과 개별 티타임을 가질 수도 있습니다. 리모트워크를 하면 업무 관련 커뮤니케이션은 쉽고 빨라지는 반면, 정서적인 커뮤니케이션은 부족해지기 쉽습니다. 이때 리더가 정기적으로 팀원 한 명 한 명과 20분 정도의 짧은 티타임을 가지면, 팀원들의 소속감과 업무 효율을 높이는 데 큰 도움이 됩니다. 오프라인 티타임이 어느 정도 안정된 다음에는 오프라인과 온라인을 병행해도 무방합니다.

리모트워크 초기의
전형적인 시행착오와 대안

    리모트워크에 관한 오해와 고정 관념을 극복했다고 해서 이후의 과정이 순탄한 것은 아닙니다. 리모트워크를 도입하면 어느 조직이나 크고 작은 시행착오를 겪게 되는데요, 리모트워크 초기에 나타나는 전형적인 시행착오를 세 가지를 소개합니다.

너무 복잡하고 어려운 협업 툴

너무 많은 온라인 커뮤니케이션 채널과 이로 인한 피로감은 대부분의 직원들이 호소하는 어려움입니다.

리모트워크의 성공을 판가름하는 요소가 온라인 커뮤니케이션이다 보니 리모트워크를 추진하는 담당자는 가능하면 최고의 커뮤니케이션 툴을 도입하고 싶어 합니다. 우리 조직에 맞는 협업 툴을 리서치하는 과정에서 엄청난 학습이 일어나고, 이제 웬만한 협업 툴로는 만족스럽지가 않습니다. 점점 기능이 많은 복잡한 협업 툴을 찾게 되고, 심지어는 하나로도 모자라서 두세 개의 협업 툴을 동시에 도입하기도 합니다.

문제는 이렇게 선택한 협업 툴이 대부분의 직원에게는 너무 어렵다는 사실입니다. 기존 업무를 온라인으로 전환하는 것도 어려운데 협업 툴까지 복잡하니 피로감이 극대화됩니다. 게다가 커뮤니케이션 채널이 여러 개라 메신저의 중복도 잦습니다. 같은 내용이 이메일, 메신저, 문자, 심지어는 단톡방까지 시차를 두고 올라오는 경우도 있습니다. 이런 상황이 계속되면 직원들은 가장 피로감이 큰 커뮤니케이션 채널에 등을 돌리게 되고, 야심 차게 도입한 협업 툴은 아무도 사용하지 않는 협업 툴로 전락합니다.

이런 부작용을 막으려면 애초에 하나의 쉬운 협업 툴을 선택하는 것이 좋습니다. 툴이 쉬워야 직원들이 자주 사용하고, 그래야 우리 조직만의 경험치와 활용도를 쌓을 수 있습니다. 어쩔 수 없이 기능이 많은 협업 툴을 선택했다면 한 번에 모든 기능을 공식화하기보다 핵심 기능부터 순서대로 도입하는 것이 좋습니다. 초기에는 협업 툴의 도입 자체로도 직원들에게 큰 스트레스와 부담이 될 수 있다는 사실을 잊지 말아야 합니다.

예상치 않은 재택근무 번아웃

직원들의 예상치 않은 번아웃도 리모트워크의 흔한 시행착오입니다. 특히 재택근무를 하면 생활하는 공간과 업무 공간이 같아서 아침부터 잠들기 직전까지 일만 하는 경우가 허다합니다. 이런 생활이 지속되면 사무실에서 일할 때보다 번아웃이 빨리 오는데요, 만약 점심식사까지 책상에서 하기 시작했다면 곧 번아웃이 올 거라는 사인입니다. 제가 리모트워크를 디렉팅했던 한 기업에서는 직원 10명 중 4명이 재택근무를 시작한 지 3주 안에 번아웃을 겪었습니다.

번아웃의 증상으로는 지속적인 무기력, 짜증과 노여움, 업무 걱정으로 인한 불면증, 인생에 대한 회의감 등이 있었습니다. 번아웃이 오면 열정으로 가득했던 사람도 저효율 상태가 되고, 이를 커버하기 위해서 일을 오래 하는 악순환이 반복됩니다. 그래서 초기에 번아웃 사이클에 들어가지 않도록 방지하는 것이 중요합니다.

사무실에 나가지 않더라도 출퇴근 시간과 점심시간을 정해 놓고 팀원들과 알람을 공유하는 것은 스스로를 각성하는 데 도움이 됩니다. 가능하다면 팀원들끼리 휴식 시간을 정해서 온라인으로 대화를 나누는 것도 심리적으로 큰 도움이 됩니다. 근무 전 짧은 화상 회의를 통해 당일 소화할 업무량을 미리 세팅하고 무리하지 않는 것도 번아웃을 막는 실용적인 방법입니다.

만약 그런 노력에도 불구하고 번아웃이 시작됐다면 즉시 상사에게 상황을 공유하고, 동료들의 도움을 받아 진행중인 업무에서 손을 떼야 합니다. 2주 이상의 장기 휴가를 다녀오거나 신경을 많이 쓰지 않아도 되는 루틴한 업무로 담당 업무를 변경하는 것도 방법입니다.

한국에서는 번아웃이 마치 일잘러의 통과 의례인 것처럼 과소평가하는 경향이 있는데요, 번아웃은 당사자는 물론이고 조직에도 치명적으로 될 수 있습니다. 그래서 유럽에서는 번아웃을 정신적 질환의 일종으로 생각하고 진지하게 다룹니다. 만약 유럽에서 주 50시간 이상 일하면서 번아웃 증상을 보이는 직원이 발견되면 회사는 즉시 의도적인 휴식을 명령하고 6개월 이상의 휴가를 허락하기도 합니다.

마이크로 매지니먼트로 인한 이중고

리모트워크 초기에 겪는 또 다른 시행착오는 마이크로 매지니먼트로 인한 이중고입니다. 리모트워크를 반대하지만, 회사의 정책 때문에 할 수 없이 팀원들을 재택근무를 시켜야 하는 리더가 이끄는 팀에서 주로 발생하지요. 이런 리더들은 잘 만들어진 협업 툴을 리모트워크가 아니라 마이크로 매니지먼트에 이용하는데요, 협업툴의 기술력만큼이나 마이크로 매니지먼트의 강도가 높아지니 팀원들은 이중으로 힘이 듭니다. 실제로 재택근무 시 화상 회의 카메라를 항상 켜 놓으라고 지시하거나, 메신저의 위치 공유 기능을 상시로 요청하는 경우도 있었습니다. 이런 환경에서는 재택근무를 하는 것보다 사무실에 나가서 일하는 것이 마음이 더 편합니다.

직원들의 이러한 이중고를 막으려면 리더의 스타일에 따라 팀별로 리모트워크를 도입하는 것이 좋습니다. 업무 진행이 계획적이지 않거나 태도를 중심으로 직원을 평가하는 리더, 자율적인 업무 진행을 선호하지 않는 리더가 이끄는 팀은 사무실 업무를 기본으로 서서히 리모트워크를 도입하는 것이 좋습니다. 일주일에 하루 정도만 재택근무를 허용하면서, 리모트워크에 적합한 온라인 커뮤니케이션 방법을 연습할 시간을 주는 겁니다.

리모트워크가 일하는 방식의 진화인 것은 분명하지만, 리더가 믿지 않는 방식으로 팀 운영을 강제하면 얻는 것보다 잃는 것이 더 많을 수 있습니다. 리모트워크를 도입하려는 회사의 의지는 지속해서 드러내되, 리모트워크를 받아들이는 속도에서만은 팀의 자율을 보장하는 것이 장기적으로는 유리합니다.

사무실 중심으로 리모트워크를 시작하는 경우, 재택근무 요일은 월요일이나 금요일보다는 수요일이 더 효과적입니다. 휴일과 붙어 있는 날에 재택근무를 하면 가족이 재택근무와 휴일을 혼동해서 일에 집중하기가 어렵기 때문입니다. 대신 업무가 밀리기 시작하는 수요일을 재택근무 일로 세팅하면 밀린 업무도 집중력 있게 처리할 수 있고, 일부 직원들의 번아웃도 예방할 수 있어 일석이조의 효과가 있습니다.

3 스마트 오피스

사무실은
작업 공간인가,
협업 공간인가

우리는 언제부터 사무실에서 일하기 시작했을까?

인간이 별도로 마련된 공간에서 일하기 시작한 것은 그리 오래되지 않았습니다. 최초의 사무실은 무역 회사, 정부 기관, 종교 기관 같은 대규모 조직들이 다량의 문서와 기록을 보관하기 위해서 만들었습니다. 이곳에서는 기록 전문가가 외부의 방해 없이 문서 작업에만 집중하기에도 좋았습니다. 하지만 이때까지만 해도 대부분의 사람들이 일하는 장소는 집이었습니다. 사무실이라는 특별한 공간에서 일하는 사람들은 흔하지 않았습니다.

17세기가 되면서 암스테르담, 파리, 영국 같은 유럽의 대도시를 중심으로 집이 아닌 사무실에서 일하는 사람들이 늘어났습니다. 이들 대부분은 변호사, 공무원, 혹은 새롭게 생겨난 전문직 종사자였습니다. 아직도 많은 사람이 집에서 일을 했지만 이때부터 사는 곳과 일하는 곳을 분리한다는 개념이 자리 잡기 시작했습니다. 19세기와 20세기에 들어서는 사무실 전용으로 지은 대형 건물이 증가하면서 '일을 하려면 사무실로 가야 한다'는 생각이 일반적이 됐습니다.

이처럼 인간이 원래부터 사무실에서 일을 했던 것은 아니었습니다. 요즘 코로나19로 재택근무가 부쩍 늘면서 사무실 밖에서 일하는 게 비정상적이라고 생각하는 사람들이 종종 있는데요, 이들에게는 사무실의 역사가 그리 길지 않다는 사실이 놀라울지도 모르겠습니다.

효율을 우선시한 테일러식 사무실

20세기, 집보다는 사무실에 나가서 일하는 사람들이 늘면서 사무실은 단순히 문서를 보관하고 서류 업무를 하는 장소를 넘어 시대의 사고를 반영하는 공간이 됩니다.

대표적인 예가 좁은 공간에 책상이 빽빽하게 들어선 테일러식 사무실입니다. 이 사무실은 20세기 초에 유행했던 프레드릭 테일러의 과학적 관리법(Principles of Scientific Management)의 영향을 받아서 '제한된 공간을 어떻게 효율적으로 사용하는가'에 포커스가 맞춰져 있습니다.

테일러리즘이 반영된 사무실에서 중요한 것은 직원 수 대비 공간당 생산성을 극대화하는 것이었습니다. 그래서 이 시대의 사무실은 설비가 빽빽하게 들어선 공장과 닮았습니다. 모든 직원이 정해진 일정에 맞춰서 할당된 목표 생산량을 채워야 했으므로 이들을 감시할 매니저가 필요했고, 직원들이 일하는 모습을 한눈에 볼 수 있는 위치에 매니저의 자리가 있었습니다.

20세기 중반에 접어들면서 기계적인 효율만을 추구하는 테일러식 사무실에 대한 비판이 수면 위로 올라오기 시작했습니다. 수치상의 효율만 우선시한 비인간적인 환경이라는 비판과 함께 이론상 계산된 효율과 실제와의 차이가 크다는 이야기도 나왔습니다. 동시에 2차 세계 대전 이후 지식 노동자의 수가 많아지면서 기존의 테일러식 사무실과는 다른 개방형 사무실이 등장했습니다.

업무 흐름을 반영한 개방형 사무실

'수평적으로 확 트인 사무실'이라는 뜻인 뷔로란차프트(Bürolandschaft) 사무실은 20세기 이후에 나온 게 아닐까 싶을 정도로 디자인이 혁신적입니다. 확 트인 개방적인 공간 안에 업무 진행 흐름에 맞춰 책상이 배치돼 있는데요, 부서와 부서 사이에는 높은 벽 대신 작은 칸막이나 초록 식물이 있어서 사무실의 분위기도 테일러식 사무실보다 훨씬 편안합니다.

그러고 보니 저희가 몇 년 전 방문했던 독일의 '팀뱅크'라는 회사의 책상 배치가 이런 식이었던 기억이 납니다. 팀뱅크는 '이지 크레딧(Easy Credit)'이라는 금융 상품을 개발 운영하는 회사인데요, 모든 상품이 기획, 개발, 영업, 상담의 흐름을 따라 움직이는 것처럼 부서별 책상도 이 흐름에 따라 배치돼 있었습니다. 전체적으로는 개방형 구조지만, 모든 부서 사람들이 랜덤하게 섞여 있지 않고 유관 부서를 중심으로 모여 있습니다. 책상 배치를 이렇게 하면 부서 간의 커뮤니케이션 속도가 높아지고 서비스 단계별 연속성도 높아집니다.

프라이버시와 효율성이 조합된 사무실

하지만 이런 개방감이 모든 사람에게 환영받는 건 아니었습니다. 좀 더 프라이빗하고 집중된 환경에서 일하길 원하는 사람도 많았습니다. 그래서 1960년대에 등장한 것이 액션 오피스입니다. 액션 오피스는 자리의 반 정도가 외부로 오픈된 모양을 하고 있는데, 필요에 따라 가구의 구조를 자유롭게 변형할 수 있었습니다. 직원의 신체 사이즈와 주요 업무에 따라서 얼마든지 개인화가 가능한 것이 액션 오피스의 가장 큰 특징이었습니다.

액션 오피스는 1980년에 이르러 '큐브(Cube)' 혹은 '큐비클(Cubicle)'이라고 부르는 지금과 비슷한 책상으로 변형됩니다. 액션 오피스 책상 하나가 차지하는 공간이 너무 넓고 설치 비용도 높았기 때문입니다. 그래서 액션 오피스의 프라이버시는 유지한 채 공간과 비용 효율성이 높은 구조를 고민하게 됐고, 지금 대다수 사람들이 사용하는 칸막이 책상으로 진화할 수 있었습니다.

특히 칸막이 책상은 당시의 시대적인 상황과 맞물려서 더 빠르게 퍼져 나갈 수 있었습니다. 전 세계의 경제가 빠르게 성장하면서 중간 관리자의 수가 급격하게 늘어났는데 액션 오피스에서는 이 중간 관리자가 앉을 자리가 애매했거든요. 공장에서 일하는 직원들보다는 훨씬 중요한 역할을 맡았지만 그렇다고 방 하나를 줄 만큼은 아니었던 중간 관리자들에게 칸막이가 있는 책상은 공간도 많이 차지하지 않으면서 그들의 위치를 차별화하기에는 더할 나위 없이 좋은 옵션이었습니다.

협업과 창의를 자극하는 사무실

그렇게 최적의 형태를 찾은 듯 보였던 사무실은 2000년을 전후해 급격하게 발전한 IT 기술과 함께 큰 전환기를 맞이합니다. 노트북과 스마트폰, 그리고 무선 인터넷이 업무에 활용되면서 정해진 자리에서만 일할 필요가 없어졌습니다. 몇몇 기업은 재빠르게 칸막이를 없앴고, 사무실 건물 안에서는 어디에서나 일할 수 있도록 인테리어를 바꿨습니다.

직원들은 노트북을 들고 답답한 칸막이 책상 밖으로 나오기 시작했고, 자연스럽게 다른 직원들과의 커뮤니케이션도 전보다 활발해졌습니다. 기술의 발전으로 화이트칼라의 업무가 높은 수준으로 자동화되면서 많은 지식보다는 다양한 지식을 통합해서 문제를 창의적으로 해결하는 능력이 더 중요한 경쟁력이 됐습니다.

그래서 어떤 기업들은 의도적으로 조직 내부에서 지식이 활발히 교류될 수 있는 공간을 만들었습니다. 창의와 협업은 딱딱하고 기계적인 분위기보다 인간적이고 편안한 분위기에서 활발해진다는 점을 고려한 홈라이크 오피스(Home-like Office)는 최근의 큰 트렌드였습니다. 특히 위워크나 패스트파이브 같은 대형 코워킹 스페이스가 대중적으로 알려지면서 사무실의 분위기는 한결 쾌적해졌습니다. 이전까지만 해도 사무실의 주역할은 일할 수 있는 물리적인 환경을 제공하는 것이었지만, 점차 조직 구성원들의 화학적 결합을 도모하도록 하는 것으로 바뀌고 있습니다.

코로나19 이후의 사무실

2020년 코로나19 이후의 사무실에는 바이러스의 전파를 최소화하기 위한 위생 설비와 센서 기술이 추가됩니다. 건물 입구에는 자동으로 체온을 체크하는 장치를 설치하고, 사람의 손이 자주 닿는 가구는 항균 물질로 제작합니다. 유해한 세균이나 바이러스가 침입했을 때도 전파를 최소화하기 위해 건물 전반의 환기 수준을 높이고 있습니다.

또 출입문이나 전원 스위치에 센서 기술을 적용해서 여러 사람의 손이 닿는 부분을 최대한 줄이는 추세입니다. 센서는 이렇게 터치 포인트를 제거하는 것 외에 사무실의 이용 데이터를 수집하는 데도 유용하게 활용할 수 있는데요, 센서를 통해 특정 공간의 이용 빈도나 사람이 몰리는 시간대를 분석하면 제한된 공간을 보다 효율적이고 안정적으로 운영할 수 있습니다.

코로나19는 사무실 책상의 간격에도 영향을 줬습니다. 개별 접촉으로 인한 바이러스 전파를 막기 위해 각 책상 간의 거리는 2미터 이상으로 유지하고 공용 데스크의 의자도 이전보다 훨씬 여유롭게 배치합니다. 실제로 글로벌 상업 부동산 회사인 쿠시먼 앤드 웨이크필드는 이를 기반으로 개발한 '6피트 오피스(Six Feet Office)' 콘셉트의 사무실을 선보였습니다. 이렇게 책상 간격이 넓어지면 같은 수의 책상을 유지하기 위해서 더 많은 공간이 필요하기 때문에 코로나19 이후 스마트 오피스를 구축하는 기업들은 자율 좌석제를 이전보다 더 진지하게 고민합니다.

일하는 방식의 변화 트렌드 다섯 가지

효율적인 서류 업무를 위해 만들어진 동인도 회사의 대형 사무실부터 단위 면적당 생산성을 극대화하려는 테일러식 사무실, 프라이버시와 효율성의 조합으로 탄생한 칸막이형 사무실, ICT 기술의 발달과 함께 등장한 모던하고 편안한 분위기의 사무실, 그리고 위생과 센서의 개념이 가미된 코로나19 이후의 사무실까지. 약 500년에 가까운 사무실의 역사를 살펴보니 사무실은 단순히 산업의 영향만 받은 것이 아니라 시대의 정신과도 흐름을 함께했다는 생각이 듭니다.

그렇다면 스마트 오피스란 무엇일까요? 앞서 살펴본 것처럼 좋은 사무실의 기준은 시대에 따라서 변했고 심지어는 상반된 경우도 있었습니다. 이런 측면에서 볼 때 스마트한 사무실에 절대적인 기준이 없다는 건 확실합니다. 오히려 시대에 따라 업무 방식의 변화를 적극적으로 수용하면서 때로는 그 변화를 촉진하는 사무실이 진정한 의미의 스마트 오피스라고 볼 수 있습니다.

이 말이 맞는다면 스마트 오피스 구축의 핵심은 해외 트랜드나 남의 회사 벤치마킹이 아니라, 지금 우리 조직이 어떻게 일하는지를 이해하는 것입니다. 우리 회사 직원들의 업무 스타일은 어떤 특징이 있고 최근에는 어떻게 변했는지를 알아야 지금 사무실이 그 변화를 잘 반영하는지 판단할 수 있고, 앞으로 사무실을 어떻게 바꿔야 할지가 보입니다. 좀 더 자세한 설명을 위해 그동안 저희가 스마트 오피스를 구축하면서 발견한 일하는 방식의 변화 방향을 공유합니다.

소규모 논의형 회의가 늘었습니다

실무자들이 체감하는 일하는 방식의 가장 큰 변화는 회의의 증가입니다. 그런데 모든 회의가 아니라 2~3명이 참석하는 30분 이내의 스팟성 회의가 늘었습니다. 한 가지 일에도 여러 부서가 연결돼 있는데다, 경영환경과 시장 변화도 빨라서 논의해야 할 내용이 많아졌기 때문입니다. 근무 시간의 절반 이상을 회의로 보낸다는 직원도 적지 않고, 오프라인 회의로는 부족해서 아예 사내 메신저나 카카오톡 메신저를 통해 수시로 논의를 한다는 사람도 많았습니다.

소규모 회의가 이렇게 늘어난 반면 공지 사항 전달이나 일방적인 정보 공유를 목적으로 하는 회의는 오히려 줄었습니다. 특히 코로나19를 기점으로 두 자릿수의 사람들이 참여하는 중대규모의 미팅이 줄었는데요, 수치상으로 최소 절반에서 80%까지 줄어든 기업도 있습니다. 이유를 확인해 보니 중요도가 낮은 회의는 주기가 길어졌거나 아예 취소된 경우가 많았고, 중요한 회의는 화상 회의로 전환되거나 그룹웨어를 통한 수시 공유로 바뀌는 추세였습니다.

협업할 대상이 많아졌습니다

협업할 대상과 형태가 다양해졌습니다. 회사 내의 협업은 물론이고 외부 조직과의 협업도 늘었습니다. 저희가 최근에 진행한 스마트 오피스 사옥이 좋은 예인데요, 예전 같으면 신사옥 구축에 필요한 인력은 내부 TFT, 인테리어 업체, 공사 업체 정도가 전부였을 겁니다. 그러나 이번에는 달랐습니다. 단순히 새로운 사옥 구축을 넘어서 스마트 오피스가 제대로 작동하는 것이 목적이었고, 이를 위해서는 업무 공간과 관련된 여러 분야의 전문가들과 협업을 해야 했습니다.

우선 일하는 방식의 변화 흐름을 읽고 전체 스마트워크의 방향을 잡아 주는 스마트워크 디렉터가 필요했습니다. ICT 분야의 기술을 사무실에 접목하는 IT 전문가와도 협업해야 했고, 그렇게 모인 데이터를 활용하기 위해서는 데이터 전문가도 필요했습니다. 스마트워크에 필수인 온라인 협업 툴 도입을 위해서는 SaaS(Software as a Service: 서비스형 소프트웨어) 업체와도 긴밀한 협업이 필요했고 회의 문화 컨설턴트와 리더십 코치의 도움도 받아야 했습니다. 이뿐 아닙니다. 효과적인 스마트워크 교육과 홍보를 위해 인디펜던트 워커로 일하는 영상 제작 전문가도 프로젝트에 합류했습니다.

이렇게 다양한 사람들과 협업을 하다 보니 일하는 형태도 달라졌습니다. 협력사들이 클라이언트의 사무실로 매일 출퇴근을 하는 케이스는 점점 사라지고 대신 온라인을 통한 수시 협업이 늘었습니다. 일주일에 한두 번은 오프라인으로 만나서 밀도 있게 논의하고, 나머지 시간은 미리 합의한 협업 툴을 통해 상시로 업무의 진척도를 공유하는 것이 일반화되고 있습니다. 프로젝트의 주요 멤버가 해외에 거주하거나 외국인일 경우에는 협업의 형태가 더 유연해서 100% 온라인으로만 커뮤니케이션을 하는 경우도 있습니다.

조직 구조의 변화가 잦아졌습니다

과거에 비해 조직 구조가 자주 변하고, 이에 따라 개인의 업무 영역도 다양해졌습니다. 예전에는 한 부서에 배정되면 짧아도 3~5년은 그 부서의 일을 하면서 역량을 키워 가곤 했습니다. 함께 일하는 동료들도 거의 바뀌지 않아서 한번 익숙해지면 일하기가 수월했던 것도 사실입니다. 승진 순서도 거의 정해져 있어서 한번 상사였던 사람은 퇴사하지 않는 한 평생 상사로 모시며 일해야 했습니다. 부하 직원도 반대로 마찬가지였지요.

하지만 언젠가부터 이런 안정된 구조가 흔들리기 시작했습니다. 시장의 변화가 빨라졌기 때문입니다. 몇 년에 한 번 할까 말까였던 구조 조정은 연례행사가 됐고, 심지어 어떤 기업은 상시로 조직 구조를 바꾸기도 합니다. 절대 없어질 것 같지 않던 사업팀이 예상 못 한 시장의 변화로 한순간에 사라지기도 하고, 기업 간의 이해관계 때문에 갑자기 부서가 생겨났다가 없어지기도 합니다. 개인의 업무 영역도 그 변화의 폭이 넓어졌음은 두말할 나위가 없습니다.

상황이 이렇다 보니 부서별로 독립된 사무실을 배정했던 기업은 공간을 효율적으로 사용하기가 어려워졌습니다. 한 국내 공공 기관의 경우, 신청사 구축 당시의 조직도를 기반으로 '완벽한' 사무실을 만들었는데 최근 부서별로 인원 변화가 커지고 심지어 사라진 부서도 생기면서 이 완벽한 사무실은 최악의 사무실이 됐습니다. 인력 변화에 대한 유연성이 없는 폐쇄적인 실(室) 중심의 구조 때문에 이제는 같은 부서의 직원이 길 건너 다른 건물에서 일하는 웃픈 상황도 벌어집니다.

업무 시간과 공간의 제약이 사라졌습니다

이제는 일하는 시간과 공간의 제약이 거의 사라졌습니다. 2000년대 이후에 스마트폰과 와이파이가 보급되면서 업무 시간과 공간의 제약은 빠르게 줄어들었고 국내에서도 스마트워크라는 단어가 알려지기 시작한 2010년 이후부터는 언제 어디에서나 일할 수 있는 환경이 갖춰졌습니다.

유일한 걸림돌은 이런 기술의 변화를 따라가지 못하는 각종 법률과 규제, 그리고 리더의 마인드셋이었습니다. 그래도 일은 모여서 해야 제대로 할 수 있다는 선입견, 눈에 보이지 않으면 나태해질 거라는 불신, 그리고 업무를 하나하나 챙겨 줘야 좋은 리더라는 생각이 일하는 공간과 시간의 제약을 만들었던 것입니다.

하지만 2020년에 전 세계를 덮친 코로나로 인해 많은 직장인이 어쩔 수 없이 사무실 밖에서 일해야 했고, 비자발적인 리모트워크의 경험이 축적되면서 일하는 시간과 공간에는 제약이 없음을 체감하기 시작했습니다. 이제 사무실에 나가야만 일이 가능하다고 생각하는 사람들은 거의 없습니다. 오히려 사무실이 없으면 그동안 사무실을 유지하는 데 들어갔던 상당한 비용과 시간을 아낄 수 있어서 효율적이라고 생각하는 경영자들도 생겨나고 있습니다.

개인의 역량을 극대화할 색다른 교육이 필요합니다

제조업뿐 아니라 사무직 업무도 고도로 자동화, 인공 지능화가 되면서 예전보다 직원 개개인의 역량이 중요해졌습니다. 이제 단순하거나 반복적인 업무는 사람보다 컴퓨터가 훨씬 더 빠르고 정확하게 해냅니다. RPA(로보틱 프로세스 자동화)라고 부르는 작은 컴퓨터는 실제로 사무실 한편에서 사람을 대신해서 일하는데요, 그 수준이 2~3년 차 주니어 직원과 맞먹는다고 합니다. RPA가 커버할 수 있는 영역도 금융권 회사의 전표 업무부터 대형 마트나 통신사의 대규모 고객 정보 분석까지 매우 광범위합니다.

이렇게 업무가 자동화되고 인공 지능화되면 직원 개개인의 역량은 더 중요해집니다. 직원 한 사람의 영향력이 이전보다 훨씬 커지기 때문입니다. 빠르고 정확하게 처리해야 하는 일은 컴퓨터에 맡기고, 사람은 이 높은 효율을 어디에 집중시킬지, 이를 통해 어떤 가치를 만들어 낼지를 고민해야 합니다. 그러려면 일반적으로 지식을 주입하는 교육에서 탈피해 직원들이 깊이 있게 토론하고 체험할 수 있는 색다른 교육이 필요합니다.

한 번 더 강조하지만 진정한 스마트 오피스는 이런 업무 방식의 변화를 수용하는 것은 물론, 나아가서는 그 변화를 긍정적으로 자극하는 공간이어야 합니다. 그렇다면 사무실이 어떻게 이러한 변화를 반영하고 촉진할 수 있을까요?

직급이 아닌 업무에 따라 자리를 선택하는 회사

자율좌석제

A사 사무실에는 자기 책상이 따로 없습니다. 대학 시절 도서관에서 원하는 자리를 선택했던 것처럼 출근 후 원하는 자리로 가서 일을 시작하면 됩니다. 도서관과 다른 점이 있다면 선택할 수 있는 업무 공간의 형태가 다양하다는 건데요, 칸막이가 있는 개인 책상도 있고, 외부의 방해를 받지 않는 방음 부스도 있습니다.

어떤 자리는 확 트인 공간에 놓인 대형 테이블을 공유하는 형태라서 루틴한 업무를 하기에 좋고, 어떤 자리는 한강이 보이는 창가에 있어서 조용히 기획 업무를 하기에 좋습니다. 디스크가 있는 사람들을 위해 서서 일할 수 있는 책상도 층별로 마련돼 있습니다. 어느 자리도 개인의 전용 공간이 아니기 때문에 자신에게 가장 좋은 자리를 골라 앉을 수 있습니다.

형식보다 내용을 중시하는 스마트 오피스

스마트 오피스에서는 형식이 아니라 내용에 따라 업무 공간을 선택합니다. 어디에서 일할지 결정할 때, 직급이나 부서보다는 실제 업무 활동을 더 중요하게 생각하고 그에 따른 개인의 선택을 존중한다는 의미입니다.

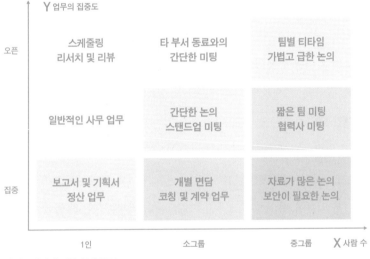

화이트칼라의 업무 형태 분석

화이트칼라 직군의 업무를 분석해 보면 일하는 사람의 수(사이즈)가 한 축, 업무의 집중도를 또 다른 한 축으로 해서 총 9가지의 업무 형태가 도출됩니다. 각각의 업무 형태에는 그에 맞는 최적의 공간이 존재하는데요, 보통의 사무실에는 집중도가 애매한 개인 업무 공간(칸막이 책상)과 외부의 방해가 적은 논의 공간(회의실) 두 가지만 존재합니다. 다시 말해서 이 두 가지를 제외한 다른 형태의 업무를 할 때는 어떤 식으로든 방해를 받는다는 의미입니다. 특히 개인이 장시간 집중해서 일할 수 있는 몰입 공간과 여러 사람이 자유롭게 의견을 교환하면서 일할 수 있는 공간이 부족합니다.

A사의 스마트 오피스에서는 이 9가지의 업무 형태 중 가장 시급한 다섯 가지 업무 형태에 최적화된 업무 공간을 한 층에 구축했습니다. 그리고 설문 조사 결과 업무에 가장 방해가 되는 통화 소음을 없애기 위한 폰 부스도 추가했습니다. 이렇게 최소 6가지의 업무 형태를 한 층에서 수용하고, 그 공간을 직원들이 필요에 따라 자유롭게 선택할 수 있도록 한 것은 스마트 오피스가 이전의 사무실과 차별화되는 중요한 요소입니다.

스마트 오피스에 존재하는 6가지 업무 공간

- 공용 업무 공간(Open Working): 하나의 큰 데스크를 여러 사람이 공유하는 형태. 집중도가 낮은 업무나 급하지만 간단한 업무에 최적화된 공간.

- 개인 업무 공간(Separated Working): 벽이나 칸막이를 통해 데스크가 물리적으로 분리된 형태. 혼자 혹은 동료와 함께 일상적인 업무를 하기 좋은 공간.
- 집중 업무 공간(Focus Working): 외부와 소음과 시선이 차단된 완전한 실(室) 형태. 고도의 집중을 필요로 하는 업무에 최적화된 공간.
- 협업 공간(Conversation Area): 규모가 있는 라운지 혹은 오픈 공간의 형태. 여러 명이 자유롭게 대화하면서 장시간 협업하기 좋은 공간.
- 논의 공간(Discussion Area): 내부가 보이는 중소규모의 실(室) 형태. 외부의 방해 없이 회의나 논의를 하는 데 최적화된 공간.
- 통화 부스(Phone Booth) : 한 사람이 서거나 앉아서 통화할 수 있는 폐쇄된 실(室) 형태. 장시간의 통화나 보안이 중요한 통화에 최적화된 공간.

이렇게 사무실이 바뀌면 혼자만 쓸 수 있는 전용 책상은 사라지지만 한 사람이 접근할 수 있는 업무 공간이 다양해져서 사무실 전체가 내 공간이 된 느낌입니다. 그때그때의 업무 형태에 따라 최적의 자리를 선택할 수 있어서 '좋은 자리'라는 개념보다는 '어떤 업무를 하기에 좋은 자리'라는 개념이 강합니다.

스마트 오피스를 도입한 초기에는 일하는 자리를 바꿀 때마다 온라인으로 예약을 해야 했는데, 사무실은 소유하는 것이 아니라 공유하는 것이라는 생각이 자리 잡으면서 예약 제도가 굳이 필요하지 않게 됐습니다. 이 회사에서는 채용이나 평가 시즌처럼 일정 기간 특정 공간을 꼭 사용할 때만 사전에 예약해 두는 편입니다.

자율좌석제와 페이퍼리스의 컬래버

이렇게 자기가 원하는 좌석을 자율적으로 선택하는 방식을 '자율좌석제'라고 하는데요, 내 자리가 따로 없다 보니 사무실에 보관하던 개인적인 물건이 자연스럽게 줄었습니다. 이제는 따로 청소하지 않아도 사무실이 언제나 환하고 깔끔합니다. 가끔 거래처 직원들이 사무실을 방문하면 '최근에 대청소 하셨나 봐요'라고 물어보기도 합니다.

이 회사에서는 자율좌석제를 도입하기 전에 수요 조사를 통해서 직원들의 데스크톱을 노트북으로 교체했습니다. 고사양의 데스크톱으로만 일해야 하는 몇몇 직군은 여전히 고정된 자리에서 일을 하지만, 노트북의 사양이 좋아지면서는 점점 자율좌석제로 합류하는 부서가 늘고 있습니다.

직원에 따라서 노트북을 항상 갖고 다니는 사람도 있고 퇴근할 때 개인 사물함에 보관하는 사람도 있습니다. 자율좌석제가 되면서 개인의 물품을 넣어 두는 사물함을 하나씩 배정받았는데 사이즈가 그리 큰 편은 아니라서 노트북과 가방, 간단한 개인 소지품, 모니터로 읽기 불편한 출력물을 보관할 수 있습니다.

업무에 필요한 서류나 책자는 한쪽에 마련된 부서별 캐비넷에 보관하는데요, 별도의 시건 장치를 달았더니 오히려 관리가 번거로워서 얼마 전 시건 장치를 CCTV로 교체했습니다. 인사 관련 문서나 기획서처럼 보안이 중요한 문서는 공용 캐비넷이 아닌 곳에 보관합니다. 하지만 종이 문서는 스마트 오피스 도입 이후 빠르게 줄어드는 추세입니다. 스마트 오피스 초기에는 종이 출력을 하던 습관이 남아서 서류 업무가 많은 날엔 캐비넷 옆에서 일하는 사람도 있었지만, 페이퍼리스가 정착되면서 이런 경우는 거의 사라졌습니다. 업무 자료는 이제 공용 캐비넷 대신 공유 클라우드에 저장하고 특별한 경우가 아니면 종이로 출력하지 않습니다. 총무팀에서는 조만간 공용 캐비넷을 지하로 옮기고 이 공간에 소형 미팅룸을 만들려고 기획 중입니다.

내 자리는 없지만, 더 쾌적해진 사무실

자율좌석제가 도입되고 좋아진 점 중의 하나는 사무실이 넓어졌다는 것입니다. 정원보다 좌석 수를 줄였음에도 불구하고 실제로 업무를 할 수 있는 가용 좌석이 많습니다. 자율좌석제 도입 전, 자기 자리에서만 일할 수 있을 때는 책상의 수는 많았지만 그만큼 비어 있는 책상도 많았습니다. 외근이나 미팅으로 몇 시간씩 자리가 비거나 외부 교육이나 휴가로 며칠씩 주인이 없을 때도 그 자리를 활용할 수가 없었습니다. 아이러니하게도 사무실은 언제나 이런 책상들로 꽉 차서 두세 명이 미팅할 수 있는 테이블 하나 놓기도 어려웠습니다.

이뿐만 아니라 나만 사용하는 좌석이다 보니 자기도 모르게 서류나 물건을 책상에 쌓아 두는 습관이 생겼습니다. 언제 가져왔는지도 모르는 소품들이 책상 서랍을 다 차지했고, 예전에 끝난 프로젝트의 관련 자료도 몇 달째 책상 위에 쌓여 있었습니다. 그런데 자율좌석제를 실시하면서 책상 위가 몰라보게 깔끔해졌습니다. 모두가 쓰는 책상이라 퇴근 때마다 정리해야 하는 부담은 있지만, 덕분에 훨씬 쾌적하고 깨끗한 사무실에서 일할 수 있게 된 건 사실입니다.

사무실 곳곳에 일할 수 있는 공간이 많아진 것도 자율좌석제의 장점 중 하나입니다. 처음에는 자리를 예약해 놓고 이용하지 않는 사람들 때문에 고생을 좀 하긴 했지만, 자율좌석제가 정착된 지금은 그렇게 남용되는 경우가 거의 없습니다. 아주 인기 있는 몇몇 좌석을 제외하면 대부분의 업무 공간은 언제나 이용이 가능합니다. 또 업무 공간이 아니라도 노트북을 가져가 일할 수 있는 공간이 많아서 자리가 없어서 일을 못 하는 경우는 없습니다.

총무팀 통계에 의하면 현재 이 회사의 좌석 수는 직원 수의 80% 수준인데요, 가장 피크 타임인 11시에서 16시 사이에도 좌석에 여유가 많아서 내년에는 좌석 수를 10% 정도 더 줄이고 휴식 공간으로 전환할 예정이라고 합니다.

총무팀 사무 보조에서 공간 전문가로

　자율좌석제가 도입되자 총무팀의 업무가 확실히 줄었습니다. 새로운 직원이 들어오거나 퇴사를 할 때마다 반복했던 책상 배치와 설치, 제거 작업이 사라졌습니다. 신규 직원이 들어와도 주 업무 층에 사물함만 배정하면 되는데, 시건 장치가 지문이나 비밀번호 시스템으로 바뀌면서 이마저도 직원들이 알아서 등록과 삭제를 할 수 있게 됐습니다.

　매년 진행되는 조직 개편도 이제는 두렵지 않습니다. 마지막까지 변경되는 조직도에 따라 며칠씩 책상 배치를 고민했던 이전과는 달리, 이제는 층별 부서 배치만 하면 됩니다. 고정 좌석을 쓰는 몇몇 부서와 보안이 필요한 부서를 별도로 고려해야 하는 번거로움은 있지만, 이런 부서들은 조직 개편 시기에도 인력 변화가 적기 때문에 이슈가 되지 않습니다.

　이제 총무팀 직원들은 책상을 세팅하고 사물함을 배정하느라 바쁘지 않습니다. 대신 어떤 환경에서 직원들이 더 안전감을 느끼고, 어떤 공간이 부서 간의 우연한 만남을 자극하는지 고민합니다. 매일 발주 목록을 작성하느라 바빴던 시간에 이제는 사무실의 역사에 대한 책을 읽습니다. '대학에서 죽어라 경영학을 공부하고 취업했더니 직원들 치다꺼리만 한다'며 총무팀 업무에 회의를 느끼던 2년 차 직원은 요즘에야 자신이 가치 있는 일을 하고 있는 느낌이라고 말했습니다.

다른 부서 직원들을
매일 만날 수 있는 회사

통합 라운지

약 2,000명이 일하는 B사의 사무실에는 탕비실이 없습니다. 얼마 전까지만 해도 몇 개의 부서가 함께 사용할 수 있는 작은 탕비실이 층별로 두 개씩 있었는데, 최근 스마트 오피스로 리뉴얼을 하면서 모두 없어졌습니다. 대신 뷰가 좋은 건물 최상층에 전 직원이 이용할 수 있는 대형 라운지가 생겼습니다. 이곳에서는 바리스타가 내려 주는 고급 커피를 시중가의 절반 가격에 마실 수 있는데요, 그래서인지 젊은 직원들에게 특히 인기가 좋습니다. 물론 카페인이 부담스러운 사람들을 위한 차도 다양하게 마련돼 있습니다.

어떤 직원들은 라운지에 올라오기 전에 사내 메신저를 통해서 음료를 주문합니다. 올해 전사적으로 도입한 협업 툴 '잔디'에는 바리스타 봇이 있는데, 이 봇에게 원하는 음료를 메신저로 보내면 음료 제조가 끝난 후에 알람이 옵니다. 실제 로봇과 메신저를 주고받는 건 아니지만 이렇게 간단한 메신저 시스템을 이용하면 음료를 기다리는 데 들어가는 시간을 아낄 수 있습니다. 전에는 커피 한 잔을 마시려면 사무실 밖에 있는 프렌차이즈 매장을 가느라 20~30분을 써야 했는데, 이제는 라운지로 픽업하러 가는 시간 5분이면 충분합니다. 간혹 외부 손님들이 방문해서 음료를 대접해야 할 때도 크게 신경 쓸 필요가 없어졌습니다.

편해서 일이 더 잘되는 라운지

이 회사의 라운지는 음료를 마시기 위해서만 찾는 곳은 아닙니다. 어떤 직원들은 하루에 1시간 정도 라운지에 노트북을 가져와서 일을 합니다. 업무 층에 비해 어수선한 분위기에서 어디 제대로 일할 수 있을까 싶지만, 집중력이 필요 없는 루틴한 업무를 하기에는 라운지만 한 곳이 없다는 게 그들의 답변입니다. 라운지에서 나오는 음악과 대화 소리도 특별히 귀에 거슬리는 수준은 아니라 소음이라기보다는 대형 카페의 백색소음 같은 느낌이라고 합니다.

라운지는 누가 어디에 앉아야 한다는 규정이 없고 테이블의 형태도 업무 층보다 훨씬 캐주얼합니다. 바 스타일의 창가석, 단독 소파석, 2인용 라운드 테이블, 노트북 작업을 하기 좋은 코워킹 데스크 등 좌석의 형태가 다양해서 필요에 따라서 적합한 자리를 고를 수 있습니다. 코워킹 데스크에서 혼자 일을 하다가 다른 부서의 동료를 만나면 바로 옆의 소파석으로 옮겨서 업무 이야기를 나눌 수 있습니다.

이런 자유로움 때문일까요? 소규모의 업무 회의는 회의실 대신 라운지를 이용하는 직원이 많아졌습니다. 거래처 직원이나 고객사 손님처럼 외부인과의 미팅도 라운지에서 하면 편리합니다. 별도의 음료를 미리 준비할 필요도 없고, 행여나 상대방이 조금 늦거나 일찍 도착해도 신경 쓸 게 없습니다. 게다가 1시간 미팅을 위해 반나절을 사무실 밖에서 보내지 않아도 되기 때문에 이로 인한 시간 절약이 엄청납니다.

사람이 이어지고 연결되는 공간

라운지에서는 같은 부서 사람들 외에 입사 후 한 번도 어울려 본 적 없는 사람들을 만날 수 있는데요, 이런 점 때문에 조직원으로서의 연결감을 느끼는 장소가 되기도 합니다.

설계팀에서 일하는 한 직원은, 같은 라인에서 일을 했지만 한 번도 직접 얼굴을 본 적이 없는 영업팀 직원을 라운지에서 처음 만났다고 합니다. 카페 의자를 빌리다가 우연히 인사를 나누게 됐는데 알고 보니 꽤 오래 같은 서비스를 만들던 동료였다는 겁니다. 이후 종종 라운지에서 만나 서비스 이슈들을 이야기하는데, 메신저로 필요한 정보만 전달할 때보다 한결 마음이 편하고 솔직하게 논의할 수 있어서 좋습니다.

과거의 탕비실은 좁은 공간에 음료 제조에 필요한 설비만 빡빡하게 있어서 누군가를 마주치면 어색하기 그지없었습니다. 반면 라운지는 탕비실보다 규모가 커서 개인의 드나듦이 눈에 띄지 않고, 음악과 인테리어 덕분에 분위기도 훨씬 편합니다. 어떤 때는 회사에 출근했다기보다는 주말에 카페에 나와서 일하는 느낌이 들 때도 있습니다. 그 편안한 분위기만큼 사내 직원들 간의 비공식적인 교류도 늘어납니다.

라운지의 이런 편안한 분위기를 백분 활용하는 팀장님도 있습니다. 경영지원팀의 40대 팀장님은 성격상 직원들과의 커뮤니케이션이 항상 어색하고 어려웠는데 회사에 라운지가 생기고 나서는 개별 면담에 대한 부담이 많이 사라졌습니다. 딱딱한 회의실에서 하던 면담을 음악이 흐르는 라운지에서의 티타임으로 옮겼더니 팀장도 팀원도 훨씬 마음이 가볍습니다. 간혹 어려운 업무를 지시하거나 성과가 저조한 직원에게 피드백을 줘야 할 때도 "내가 라운지에서 커피 쏠 테니 티타임 잠시 합시다"라고 말하면 부담 없이 필요한 메신저를 전달할 수 있습니다.

예전처럼 회의실로 불러서 이야기했다면 팀원들의 반응도 거의 없고 분위기도 좋지 않았을 텐데, 편안한 분위기 때문인지 라운지에서의 티타임은 같은 이야기를 해도 분위기가 다릅니다. 업무 지시나 성과 피드백이 듣기 좋은 이야기는 아니라서 하하 호호 웃는 분위기는 아니지만,

뷰가 좋은 소파석에 앉아서 이야기를 나누면 먼저 질문을 하는 팀원도 있고 오히려 팀장을 위로하는 팀원도 있습니다. 지난번에는 수요일 티타임 중에 회사에서 발생한 사고에 대한 이야기가 나왔는데, 금세 팀원들 간에 토론하는 분위기가 만들어져 팀장님은 먼저 사무실로 내려온 적도 있었습니다.

물론 이런 수평적인 분위기를 모든 팀장님이 환영하는 것은 아닙니다. 어떤 팀장님들은 조직의 위계가 느슨해진다며 라운지 출입을 꺼리기도 합니다. 하지만 이 회사의 경영지원본부 이사님은 이렇게 캐주얼하고 친근한 분위기가 전반적인 회사의 분위기와 팀워크에 큰 도움이 된다고 믿고 있습니다. 실제로 라운지 구축 5개월 후 진행한 설문 조사 결과를 보면, 직원들은 티타임 형식으로 개별 면담을 했을 때 상사를 평가자가 아니라 가이드로 생각하는 경향이 있었습니다. 직원 면담에 대해서 별도로 교육한 것도 아닌데 편안한 분위기의 라운지 하나를 만든 것으로 교육 못지않은 변화가 있었던 것입니다.

직원들의 만남은 정말로 생산성에 도움이 될까?

스마트 오피스의 꽃이라고도 불리는 통합 라운지는 이렇듯 다양한 방식으로 직원들을 연결합니다. 그래서 스마트워크 디렉터인 저와 인테리어 디자이너들은 직원들이 의도하지 않아도 우연히 만날 수 있는 공간을 의도적으로 설계합니다. 이런 우연한 만남은 소속이 다른 직원들 간의 감정적 벽을 낮출 뿐 아니라, 각자의 정보를 간접적으로 공유함으로써 조직의 생산성에도 도움을 주기 때문입니다.

직원 교류와 조직 생산성의 관계는 이미 과학적으로도 여러 차례 입증이 됐습니다. 〈하버드비지니스리뷰〉에 실린 한 실험에서는 센서를 이용해서 직원들이 사무실 어디에서 얼마나 머무는지, 어떤 사람들과 얼마나 교류하는지를 추적했는데요, 직원들의 교류, 특히 다른 부서 간의 교류는 자연스러운 협업을 유도하고 실질적인 성과 향상에도 기여한 것으로 밝혀졌습니다.

특히 영업 직원들이 포함된 실험에서는 영업 직원과 다른 팀 직원의 교류가 10% 늘어날 때마다 매출도 10% 증가하는 양상을 보였습니다. 이후 이 회사에서는 6명당 1대로 배정된 커피 머신을 치우고 120명의 직원이 함께 이용할 수 있는 대형 카페테리아를 설치했는데요, 놀랍게도 1분기가 지난 후 전체 매출이 20%나 증가했습니다. 다양한 부서의 직원들이 자신의 경험, 정보, 노하우 등을 영업 직원들과 공유하면서 만든 성과였습니다.

미래를 대비한 기업들의 과감한 결정

이처럼 이종 부서 간의 교류가 조직 전반의 생산성에 미치는 영향력은 작지 않습니다. 영역을 넘나드는 협업의 필요성이 높아지는 가운데 어떤 회사들은 이 원리를 조직 내부가 아닌 외부 사람들과의 협업에도 적용합니다. 즉 본사 사무실 안에 협력사, 고객, 심지어 지역 주민까지 자유롭게 이용할 수 있는 오픈 라운지를 만드는 것입니다.

2019년에 대대적으로 사무실을 리뉴얼한 마이크로소프트 네덜란드 지사는 마이크로 폴리스(Micro Polis)라는 콘셉트로 본사 공간의 72%를 외부인들에게 오픈했습니다. 다시 말해, 마이크로소프트 네덜란드 지점의 직원만 출입할 수 있는 공간은 전체의 3분의 1 정도밖에 되지 않습니다.

오금동에 위치한 퍼시스 사옥 1층 로비도 비슷합니다. '생각의 정원'이라 불리는 이 오픈 공간은 퍼시스 직원은 물론이고 관계사 직원이나 고객들에게도 출입이 오픈돼 있습니다. 이 오픈 로비에서는 누구나 별도의 절차 없이 미팅을 하거나 개인 업무를 볼 수 있습니다. 물론 회사 내 직원들도 간단한 회의나 간담회 목적으로 이용할 수 있습니다. 기존의 로비가 입출입 목적으로만 이용됐던 것과 비교하면 오픈 로비는 공간 효율이 매우 높습니다.

네덜란드의 대형 보험 회사 A.S.R은 위트레흐트의 본사 로비에 일회용 비밀번호가 달린 사물함과 자동 커피 메이커를 설치했는데, 이후 지역 주민과 대학생들이 자주 방문해서 마케팅과 채용에도 도움이 되고 있다고 합니다.

회의의 비효율을
공간으로 해결한 회사

스마트 회의실

C사에서는 최근 전 직원을 대상으로 온라인 설문 조사를 했습니다. 직원들의 업무 행태와 어려움을 파악하기 위해서였습니다. 다섯 개의 설문 주제 중 하나는 업무 효율성에 관한 것이었는데, 업무 시간을 낭비하는 가장 큰 요인으로 선택한 것은 회의였습니다. 직원 한 명이 일주일에 참여하는 크고 작은 회의의 개수는 평균 8개. 한 달에 한 번씩 진행되는 월간 회의, 매주 월요일에 진행하는 주간 보고, 외부 협력사와의 온오프라인 정기 미팅, 그리고 상사가 예고 없이 소집하는 회의나 실무진 간의 논의가 여기에 속합니다.

하지만 회의의 문제는 횟수가 아니었습니다. 설문 조사와 인터뷰에 의하면 이런 회의의 진짜 문제는 생산성이 낮다는 것이었습니다. 짧게는 30분, 길게는 2시간까지 소비되는 회의를 하고 나서도 달라지는 점이 없다는 것입니다. 특히 생산성이 낮은 회의는 주간, 월간, 분기별로 진행되는 정기 회의였습니다. 이런 회의는 높은 분들도 많이 오고 빠지면 불이익이 생길 것 같아서 꼬박꼬박 참석을 하지만, 회의실을 나올 때마다 '그냥 이메일로 알려 주지' 하는 생각이 드는 게 사실입니다.

물론 회의 주최자가 사전에 목적을 명확히 커뮤니케이션하고, 참석자도 준비를 꼼꼼히 했다면 회의의 생산성은 상당히 높아졌을 겁니다. 하지만 이런 정성적인 요인 외에 물리적인 환경 요인도 존재합니다. 회의 참석자들의 니즈를 반영하지 못하는 천편일률적인 회의실도 생산성에 영향을 준다는 점이 이번 조사를 통해 드러났습니다.

많은 사람이 스마트 오피스의 회의실이라고 하면 최첨단 설비로 무장한 회의실을 생각합니다. 그런 회의실만 있으면 조직의 성과도 설비의 수준에 비례해서 높아질 거라고 기대하지요. 하지만 성과에 도움이 되는 회의실은 최첨단 설비가 있는 회의실이 아니라 필요할 때 쉽고 빠르게 접근할 수 있는 회의실입니다. 결국 산발적이고 빈도가 잦은 소규모 논의형 회의를 수용할 수 있는 공간이 얼마나 많은지가 조직의 커뮤니케이션 레벨을 결정하게 되고, 이는 고스란히 조직 전체의 성과와 연결됩니다. 좀 더 구체적인 사례를 통해 알아보겠습니다.

설비와 예약이 중요한 정보 공유형 회의

회의는 목적에 따라 두 가지로 나뉩니다. 특정 정보를 여러 사람과 공유하는 정보 공유형 회의가 있고, 정보보다는 문제 해결을 위한 논의를 주로 하는 논의형 회의가 있습니다.

정보 공유형 회의는 한두 사람이 여러 사람에게 정보를 전달하거나 필요한 업무를 지시하는 등 일방향의 형식적인 회의입니다. 이런 회의에서는 정보를 여러 사람에게 효과적으로 전달하는 디스플레이 설비가 중요합니다. 대형 LCD/LED 화면이나 전자 칠판, 클라우드 파일 공유 시스템 등의 최신 ICT 기술이 적용되면 회의의 효율을 즉각적으로 높일 수 있습니다. 이런 정보 공유형 회의는 적어도 5~6명, 많으면 스무 명 이상이 참석하기 때문에 일정이 미리 확정되고 회의실도 사전에 예약이 돼야 합니다. 가용한 회의실이 없으면 일정을 변경해야 할 수도 있기 때문에, 정보 공유용 회의실은 필히 예약 시스템을 적용해야 합니다.

분위기와 가구가 중요한 논의형 회의

반면 실무 직원 간에 빈번하게 진행되는 논의형 회의는 업무 중에도 예고 없이 개설되고, 그 규모도 2~3명 전후로 작습니다. 특별한 경우를 제외하면 회의 시간도 15분에서 30분 이내로 짧습니다. 회의실이 없다고 해서 미팅을 미룰 수도 없습니다. 그래서 논의형 회의를 위한 공간에는 예약 시스템이 방해가 됩니다. 10분 후에 해야 할 간단한 논의를 그룹웨어에 들어가서 회의명을 입력하고 사전 자료를 등록하는 것은 그야말로 시간 낭비가 될 수 있습니다.

논의형 회의는 참여자 수도 적고, 보통은 업무용으로 사용하는 노트북이나 태블릿을 갖고 들어가기 때문에 회의실에 특별한 설비가 필요하지 않습니다. 네 명이 둘러앉는 작은 회의실에 40인치 모니터는 그야말로 과유불급. 노트북을 모니터에 연결하고 세팅하는 데만 10여 분이 낭비될 수 있습니다. 이런 소규모 미팅에서는 참가자의 노트북 화면이 벽에 걸린 40인치 화면보다 가독성이 좋습니다. 페이퍼리스가 정착한 팀이라면 개별 노트북이나 스마트폰에서 각자 자료를 보는 것도 편리합니다.

그래서 이런 논의형 회의를 위한 공간은 첨단 설비보다는 분위기가 훨씬 중요합니다. 참가자들이 경직되지 않는 편안한 분위기를 조성하면서도, 논의 중간중간 자연스럽게 자세를 바꿀 수 있는 가구 배치가 필요합니다. 우리 뇌도 신체의 일부라 몸의 움직임이 많으면 능동적인 사고나 창의적인 문제 해결력에도 도움이 되기 때문입니다.

창의적인 회의를 원한다면 움직여라

실제로 C사의 소형 회의실은 고가의 첨단 설비가 없는 대신 직원들의 자세를 바꿔 주는 다양한 의자가 구비돼 있습니다. 어떤 회의실에는 빈백(Bean Bag) 의자와 주사위 모양의 의자, 그리고 벽 전체를 둘러싼 대형 화이트보드로 꾸며져 있습니다. 어떤 회의실은 참가자들이 회의 중에 최대한 돌아다닐 수 있도록 의자를 아예 없애 버렸습니다. 다양한 형태의 의자 여러 개를 랜덤으로 배치해서 잦은 자리 이동을 유도한 회의실도 있습니다.

형태는 다르지만 이 회의실은 모두 참가자들의 움직임을 극대화해서 뇌를 자극한다는 공통점이 있습니다. 회의실을 독립된 별도의 막힌 공간으로 만들지 않고 눅(Nook)이라 불리는 사무실 구석 공간을 활용했다는 점도 비슷합니다.

이런 회의실은 별도의 예약을 하지 않아도 필요할 때 바로 사용할 수 있고, 회의실 특유의 차갑고 딱딱한 느낌도 없습니다. 그래서인지 회의가 많지 않은 아침이나 늦은 오후에는 여기에서 혼자 일을 하거나 휴식을 취하는 직원도 있는데요, 한 공간이 다양한 용도로 사용되기 때문에 공간 활용도도 높은 편입니다.

최근 몇 년간은 일의 복잡도도 높아지고 협업이 많아지면서 문제 해결을 위한 논의형 회의가 빠르게 늘고 있는데요, 이런 수요를 맞춘다는 면에서도 사무실의 유휴 공간을 활용한 소규모 열린 회의실은 그 수가 계속 늘어날 것으로 보입니다.

4 애자일 방식

계획의 준수인가,
변화에 대한 대응인가

일하는 방식의 축소판, 마시멜로 챌린지

마시멜로 챌린지라는 게임이 있습니다. 캠핑장의 핫 아이템인 마시멜로와 스파게티 면으로 탑을 쌓는 팀 게임인데요, 방법은 간단합니다. 3~4명이 한 팀이 돼서 마시멜로 탑을 만들 재료를 받습니다. 재료는 마시멜로 1개, 스파게티 면 20개, 그리고 스파게티 면을 붙일 수 있는 종이 테이프 약간이 전부입니다. 이 재료들을 갖고 제한 시간 18분 동안 가장 높은 탑을 쌓으면 승리합니다. 탑의 높이는 스파게티 면이 닿는 바닥면에서 마시멜로까지의 수직 거리로 측정합니다.

마시멜로 챌린지는 세계적으로 잘 알려진 게임이라 이미 수많은 사람이 이 게임에 참여해서 기록을 세웠습니다. 참가 그룹의 나이나 직업에 따라 탑을 쌓는 과정과 탑의 형태도 다양합니다. 그리고 어떤 그룹은 다른 그룹보다 더 높은 탑을 쌓기도 합니다. 톰 워젝은 지식 강연 테드(TED)에서 참여 그룹에 따른 마시멜로 탑의 높이를 비교했는데요, 그 결과가 흥미롭습니다.

이 게임에 참여한 그룹은 총 다섯 개로 ① 유치원생 그룹 ② 변호사 그룹 ③ CEO 그룹 ④ 건축 엔지니어 그룹 ⑤ MBA 학생 그룹이었습니다. 이들이 쌓은 탑의 평균 높이는 약 20인치(51cm)인데요, 다섯 개의 그룹 중에서 가장 높은 탑을 쌓은 그룹은 어디일까요? 제가 기업 특강을 나가서 이 질문을 던지면 유치원생 그룹과 건축 엔지니어 그룹일 거란 답변이 가장 많습니다. 유치원생은 선입견이 없어서, 건축 엔지니어는 전문적인 지식이 있어서가 이유지요. 실제로는 어땠을까요?

가장 높은 탑을 쌓은 그룹은 유치원생이 아니라 건축 엔지니어 그룹이었습니다. 이들이 쌓은 마시멜로 탑은 전체 평균보다 2배나 높았습니다. 선입견이 없는 오픈 마인드보다는 오랜 경험에 의한 전문 지식이 실전에서는 더 좋은 성과를 낸다고 해석할 수도 있겠습니다.

그렇다면 반대로 다섯 개의 그룹 중에서 탑의 높이가 가장 낮았던 그룹은 어디일까요? 이 질문에 대한 예상은 보통 두 가지로 나뉩니다. 아직 경험이 부족한 유치원생 그룹이거나 너무 경험이 많은 CEO 그룹일 거라는 대답이 많습니다. 어떤 분들은 변호사 그룹이 실전에는 가장 약했을 거라고 예상하기도 합니다.

하지만 이번에는 모두 틀렸습니다. 탑의 높이가 가장 낮은 그룹은 MBA 학생들이었습니다. 이들의 탑 높이는 평균의 절반으로 뒤에서 두 번째인 변호사 그룹과도 꽤 차이가 있었습니다. 많은 사람이 성과가 저조할 거라고 생각했던 CEO 그룹의 탑은 평균보다 약간 높았습니다.

이 실험에서 가장 재미있는 결과는 바로 유치원생 그룹입니다. 선입견이 없어서 좋은 성과를 낼 수도 있고, 경험이 부족해서 성과가 낮을 수 있다는 상반된 기대를 동시에 받았던 유치원생의 결과는 놀랍게도 건축 엔지니어 그룹 다음으로 좋았습니다. 1위와 차이는 꽤 있었지만 구조 역학에 대한 전문 지식이 없는 그룹 중에서는 월등히 높은 성과를 보였습니다. 어떻게 이런 일이 가능했을까요?

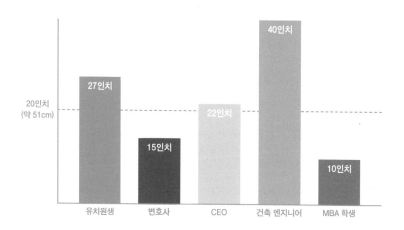

마시멜로 탑 쌓기 결과

마시멜로 탑을 쌓는 전형적인 프로세스

마시멜로 게임에 참석한 사람들이 탑을 쌓는 과정을 보면 어느 정도 공통적인 프로세스를 따르고 있습니다. 보통 게임을 시작하고 2~3분 정도는 워밍업이 이뤄집니다. 참가자들이 게임의 룰과 목적을 다시 한번 살펴보고 주어진 재료들을 확인하는 시간이지요. 스파게티 면의 개수를 세어 보는 사람도 있고, 마시멜로를 만져 보며 무게를 가늠하는 사람도 있습니다. 어떤 팀은 멤버들이 이 시간에 각자가 맡을 역할을 정하기도 합니다.

워밍업이 끝나면 본격적인 설계에 들어갑니다. '에펠탑 형태로 쌓자', '하부 면적을 최대한으로 하자'는 등 다양한 아이디어가 오갑니다. 말로 논의를 하는 팀도 있고, 직접 노트나 냅킨 등에 그림을 그리는 팀도 있습니다.

약 5~6분이 지나면 참가자들은 설계한 것을 구현하기 시작합니다. 본격적인 탑 쌓기에 돌입하는 겁니다. 스파게티 면 담당, 테이프 담당, 조립 담당으로 나눠서 철저하게 분업하는 팀도 있고, 의사가 수술하는 것처럼 한 사람이 탑을 쌓는 데 필요한 재료를 말하면 나머지가 서포트하는 팀도 있습니다. 탑을 기획하는 기획자(Thinker)와 실제로 탑을 쌓는 실행자(Doer)를 완벽히 분리하는 팀도 있습니다. 한 사람은 자리에 앉아서 말로 지시하고, 남은 사람들은 그 지시에 따라서 탑을 쌓는 식인데요, 다른 참가자들과 직급 차이가 큰 사람이 팀에 있을 때 종종 발견됩니다.

어떤 팀은 한 멤버가 지나치게 적극적으로 참여한 나머지 다른 멤버들이 수동적으로 되는 경우도 있습니다.

마시멜로 탑이라는 간단한 테스트 하나를 두고도 일하는 방식이 이렇게 다양하다는 것이 참 재미있습니다.

그렇게 시간 가는 줄을 모르고 탑을 쌓다가, 사회자가 2분밖에 남지 않았다고 말하면 참가자들의 마음이 조급해집니다. 서둘러 마무리를 하고 꼭대기에 마시멜로를 올려야 합니다. 스파게티 면으로 아무리 높은 탑을 쌓아도 높이 측정은 책상에서 마시멜로까지가 인정되기 때문입니다.

남은 시간 동안 참가자들은 다른 팀의 탑을 살펴보면서 우리가 이겼다느니, 상대 팀이 더 높다느니 하면서 높이를 비교합니다. 마치 이미 1등을 알고 있는 것처럼 말입니다. 약 30초가 남으면 사회자인 저는 큰 소리로 카운트다운을 시작합니다. 많은 팀이 이때 마시멜로를 탑 위에 올립니다.

"5, 4, 3, 2, 1, 스톱!"

'스톱' 소리가 나가기 무섭게 여기저기에서 '으악' 하는 소리가 들립니다. 게임이 끝난 것이 아쉬워서가 아니라 마치 약속이라도 한 듯 마시멜로 탑이 와르르 무너지기 때문입니다. 몇 초를 남겨 두고 마시멜로를 올린 팀에서는 부러진 스파게티 면을 테이프로 붙이고 마시멜로 위치를 더 아래로 내려보지만 남은 시간이 턱없이 부족합니다. 1분 전만 해도 스파게티 탑이 제일 높은 팀이 우승할 거라고 생각했는데, 현실에서는 마지막 순간까지 탑이 무너지지 않은 팀이 승리합니다.

왜 마지막에 탑이 무너지는 걸까요? 18분이라는 꽤 긴 시간이 있었는데 왜 대부분의 사람들은 마시멜로를 올려놓는 순간까지 탑이 무너질 거라는 예상을 못 했던 걸까요?

완벽한 계획의 배신

예상되는 이유 중 하나는 마시멜로의 무게를 착각했기 때문입니다. 초반에 마시멜로를 손으로 집어 들었을 때는 그 무게감이 느껴지지 않을 만큼 가벼웠습니다. 몸무게 50킬로그램인 사람이 7그램 남짓한 마시멜로를 들었으니 마치 깃털을 든 느낌이었을 겁니다. 하지만 그 무게는 1그램짜리 스파게티 면 몇 가닥이 견디기에는 너무 무거웠습니다. 게다가 마시멜로에 탑의 높이 만큼의 중력이 더해진다는 걸 고려하면 그 얇고 높은 스파게티 탑 위에 마시멜로가 깃털처럼 가만히 놓일 거란 생각이 비현실적으로 느껴집니다.

앞서 그룹별로 진행했던 마시멜로 챌린지에서 MBA 학생들의 성적이 가장 낮았던 이유가 바로 여기에 있었습니다. 그들은 재료를 철저하게 분석하고 완벽하게 설계한 후 설계가 끝나야 비로소 제작에 들어갔습니다. 그리고 마감 직전에 마시멜로를 올렸습니다. 당연히 탑은 무너졌고 복구할 시간이 충분하지 않아 탑이 쓰러진 채로 게임은 종료됐습니다. MBA 학생들은 전형적으로 이런 프로세스를 따라 탑을 쌓았습니다.

그렇다면 유치원생들은 어떻게 이들보다 훨씬 높은 탑을 쌓을 수 있었을까요? 건축 엔지니어처럼 마시멜로와 스파게티 면의 역학 관계를 미리 고려해서 설계했던 걸까요? 아니면 몰래 마시멜로를 먹어서 무게를 가볍게 만든 걸까요?

이들에게는 다른 노하우가 있었습니다.

유치원생은 어떻게 MBA학생보다 높은 탑을 쌓았을까?

MBA 학생들이 철저하고 체계적인 분석, 설계, 제작 과정을 거친 것과 대조적으로 유치원생들이 마시멜로 탑을 쌓는 과정은 다소 산만해 보였습니다. 주어진 재료를 확인하면서 게임의 룰을 확인하는 초반 과정은 동일했지만 그다음부터는 확연히 달랐습니다. 그들은 스파게티 면에 마시멜로를 꽂는 것으로 게임을 시작했습니다.

유치원생들은 긴 스파게티 면 위에서 마시멜로가 맥없이 고꾸라지는 모습을 보면서 게임 초반에 마시멜로와 스파게티 면의 무게 관계를 감지할 수 있었습니다. 그걸 알아내느라 스파게티 면 몇 개를 부러트리긴 했지만 작은 실패는 큰 성공의 초석이 됐습니다. 이후에도 그들은 스파게티 탑에 수시로 마시멜로를 올려서 잘 버티는지를 확인하며 탑의 높이를 높여 갔습니다. 그 결과 건축 엔지니어 그룹에는 한참 못 미쳤지만 MBA 학생이나 변호사, CEO 그룹보다는 훨씬 높은 탑을 쌓을 수 있었습니다.

완벽을 가정하는 워터폴 방식

마시멜로 챌린지에서 MBA 학생 그룹이 탑을 쌓는 방식을 가리켜 워터폴(Waterfall) 방식이라고 한다면, 유치원생 그룹이 취한 방식을 가리켜 애자일(Agile) 방식에 가깝습니다.

워터폴 방식은 말 그대로 폭포처럼 한 방향으로 흐르는 방식입니다. 상품이나 서비스를 만드는 일련의 과정, 이를테면 '리서치→기획→설계→제작→판매'는 앞 단계가 끝나야만 다음 단계로 넘어가고 그 순서도 변하지 않습니다. 그렇기 때문에 다음 과정으로 넘어가기 전에 일을 완벽하게 처리하는 것이 중요하며, 이를 책임지는 관리자에게 상당한 권한이 부여됩니다.

그런데 문제가 하나 있습니다. 아무리 완벽하게 설계한 제품도 시장에서 고객을 만나기 전까지는 완벽하지 않다는 사실입니다. 마시멜로가 스파게티 탑 위에 올라가기 전까지는 아무도 결과를 예측할 수 없던 것처럼, 고객의 반응은 실제로 시장에 내놓아야 알 수 있습니다. 아무리 철저한 리서치와 연구를 선행한다고 해도 그것은 가설일 뿐입니다. 고객의 반응을 완벽하게 예측해서 만들었지만 출시 후 시장에서 실패한 제품과 서비스는 차고 넘칩니다.

문제는 또 있습니다. 워터폴 방식에서는 이전 단계가 완벽하게 끝나야 다음으로 넘어가기 때문에 단계를 끝내는 데 오랜 시간이 걸립니다. 누구나 한 번쯤은 회사에서 완벽한 기획서를 만들기 위해 몇 개월씩 기획 업무에만 매달려 본 경험이 있을 겁니다. 그렇게 기획서가 완성돼야 비로소 설계와 제작 단계로 넘어가는데, 기획서대로 완벽하게 설계하려면 또 몇 달, 그 설계를 완벽하게 제작하려면 또 몇 달이 필요합니다. 진행 중간에 더 효율적이고 빠른 방법을 발견했다고 해도 기획 단계로 돌아가서 설계를 바꾸기는 어렵습니다. 가능하다고 해도 이를 실행하기에는 심리적인 부담이 큽니다. 먼저 작업한 기획팀 입장에서는 이미 자신들의 일은 끝났다고 생각할 가능성이 높기 때문입니다. 수십 번의 검토를 거쳐 겨우 결재가 난 일을 다시 반복하고 싶은 사람은 드뭅니다.

하나의 단계를 끝내야 다음 단계로 넘어가는 워터폴 방식으로 일하면 하나의 프로젝트가 완성되는 데 짧게는 6개월에서 길게는 2~3년까지도 걸립니다. 예전처럼 사회의 변화 속도가 느릴 때야 전혀 문제 될 것이 없었습니다. 초기 기획을 할 때나 몇 년 후 제품이 시장에 나올 때나 시장 상황이나 고객 니즈에는 변함이 없었으니까요. 하지만 상황이 바뀌었습니다. 3개월만 지나도 새로운 기술이 발표되고 고객의 니즈도 그만큼 빠르게 변하는 요즘 같은 환경에서는 1~2년 후의 시장도 쉽게 예측할 수가 없습니다.

그 대표적인 예가 화상 회의 시스템입니다. 코로나19로 오프라인 모임이 어려워지면서 화상 회의 시스템은 카카오톡보다 더 빠른 속도로 한국인의 노트북과 스마트폰으로 들어왔습니다. 사실 코로나19 초기에만 해도 화상 회의 시스템에 대한 사람들의 기대는 높지 않았습니다. 중간에 연결이 끊기지만 않는다면 적지 않은 금액을 지불할 용의도 있었습니다.

하지만 화상 회의 수요가 늘어나고 젊은 IT 직군뿐 아니라 60~70대의 시니어들도 화상 회의로 예배를 보면서 화상 회의 시스템은 하루가 멀다 하고 업그레이드가 됐습니다. 이제는 URL을 통한 초대 기능은 기본이고, 중간에 연결이 끊기면 자동으로 음성을 저장해서 한 번에 전송해주는 기능도 필요합니다. 재택근무가 빠르게 늘어나면서 프라이버시를 보호하는 가상 배경에 대한 니즈도 커졌습니다.

이 모든 것이 지난 2~3개월 동안 일어난 변화라는 사실이 놀랍습니다. 만약 어떤 회사가 코로나19 초기에 만든 기획서를 갖고 화상 회의 시스템을 만든다면 지금 그 서비스를 이용할 사람은 찾아보기 힘들 겁니다. 화상 회의뿐 아니라, 최근에 발표된 대부분의 서비스와 제품은 빠른 시장의 변화를 디폴트로 개발됐습니다. 이런 환경에서 완벽한 계획을 가정하는 워터폴 방식은 아이러니하게도 완벽한 실패의 지름길이 될 수 있습니다.

점차 완벽해지는 애자일 방식

워터폴 방식과는 달리 시대의 변화를 적극적으로 반영하는 것이 애자일 방식입니다. 단어의 뜻 그대로 시장의 변화와 고객의 니즈에 민첩하게(Agile) 반응하는 방식이지요. 워터폴 방식이 완벽한 계획을 전제로 큰일을 한 사이클에 추진한다면, 애자일 방식은 변하는 시장의 반응에 맞춰 조금씩 조금씩 완성도를 높여 갑니다.

그렇기 때문에 애자일 방식에서 가장 중요한 것은 시장의 반응입니다. 리서치와 회의를 통해 고객의 반응을 예상할 시간에 실제 고객이 사용할 수 있는 시제품을 만듭니다. 고객의 반응을 직접 확인하기 위해 만드는 이런 시제품을 부르는 이름이 있는데요, 최소한의 핵심 기능만 장착한 제품이란 의미를 담아 MVP(Minimum Viable Product: 최소 기능 제품)라고 합니다.

애자일 방식에서는 고객의 반응을 최대한 자주 빠르게 확인하고 이를 다시 기획에 반영하는 것이 핵심입니다. 그래서 MVP를 제작할 때는 완벽함에 대한 욕심을 버리고 핵심 기능이 제대로 작동하는 데 중점을 둬야 합니다. 이후 고객의 반응을 통해 무엇을 버리고 무엇을 살려야 할지가 드러나면, 이 결과를 반영해서 다시 '기획, 설계, 제작'의 사이클을 반복합니다.

워터폴 방식에서 한 사이클을 도는 데 최소 6개월 이상이 걸리는 데 반해 애자일 방식에서는 최소 2주에서 길어도 1~2개월이면 한 사이클이 끝납니다. 대신 이런 사이클을 여러 번 반복하면서 점진적으로 결과물의 완성도가 높아집니다. 애자일의 목표는 완벽함이 아니라 최적화인 만큼 애자일 방식에서는 완성이라는 개념을 잘 사용하지 않습니다. 완성이 없는 인간의 삶이 평생을 걸쳐 성장하는 것처럼, 애자일 방식으로 만들어진 제품은 평생을 걸쳐 최적화와 업데이트가 이뤄집니다. 런칭 초기에는 다소 어설퍼 보여도 시간이 갈수록 빠르게 완성도가 높아지는 것은 애자일 방식의 특징이자 강점입니다.

H&M, 자라, 유니클로의 매출이 올라간 비결

2013년, 글로벌 리서치 기업 스탠디시 그룹은 재미있는 보고서를 하나 발표했습니다. 프로젝트를 시작할 때 매우 중요한 요소 중 하나가 예산과 일정인데요, 기획서상의 예산과 일정이 실제와 얼마나 차이가 나는지를 분석한 자료였습니다.

개인적인 경험에 비추어 볼 때, 기획서보다 더 짧은 시간에 더 적은 비용으로 프로젝트를 마치는 경우는 거의 없었으므로 계획 대비 초과율이 관건일 것 같은데요, 놀랍게도 글로벌 기업의 평균 예산 초과율은 59%에 달하고, 일정 초과율은 무려 74%나 된다고 합니다. 예를 들어, 어떤 프로젝트를 10억 원의 예산으로 1년간 진행할 계획이었다면, 실제로는

16억 원이 들어갔고 기간도 1년 9개월이나 걸렸다는 의미입니다.

여기에서 우리가 얻을 수 있는 교훈은 무엇일까요? 프로젝트를 실행하기 전, 더욱 철저한 조사와 준비로 초과율을 낮추라는 것일까요? 오히려 반대입니다. 지금은 아무리 계획을 철저히 세워도 시장의 변동성이 커서 일이 계획대로 진행되기 어려운 시대입니다. 그러므로 철저한 계획을 세우는 데 시간을 낭비하기보다는 실제 상황에 유연하게 대응하는데 리소스를 투입하는 것이 현명합니다.

실제로 계획이란, 그 계획을 세운 시점까지의 과거 정보만으로 예측한 가설에 불과합니다. 하지만 시장은 계획이 완료된 이후에도 지속적으로 변하고 새로운 정보도 계속 유입됩니다. 그렇기 때문에 단순히 계획에 실행을 맞춰서는 탁월한 성과를 내기가 쉽지 않습니다. 오히려 변화하는 환경에 실행을 최적화하면서 계획을 지속적으로 수정해 나가는 것이 유리합니다.

일부 기업들은 이를 일찌감치 알아챘습니다. 그래서 정확한 예측보다는 빠른 대응이 가능한 구조로 운영 방식을 개편했습니다. 구체적으로 예를 들어 보겠습니다.

패션쇼의 목적은 다음 시즌의 트렌드를 예측하는 것입니다. 보통 1년에 두 번으로 봄, 여름의 트렌드를 예측하는 S/S 시즌 쇼가 있고 가을, 겨울의 트렌드를 예측하는 F/W 시즌 쇼가 있습니다. 이런 패션쇼는 예측하는 시즌보다 6개월 정도 앞서 열리고, 쇼를 준비하는 데도 6개월 정도가 필요합니다. 그러니 대략 1년을 주기로 패션 트렌드를 예측한다고 볼 수 있습니다.

그런데 패션계의 이런 예측이 언젠가부터 잘 맞지 않기 시작했습니다. 스마트폰과 SNS의 확산으로 유행의 속도가 빨라지고, 트렌드에 영향을 주는 요소도 기하급수적으로 늘어나면서 향후 1년을 예상하기가 어려워졌습니다. 예측의 전반적인 정확도가 떨어지니까 예측 자체도 점차 의미가 사라졌습니다.

그래서 몇몇 패션 회사는 기존의 생산 방식을 전면 수정했습니다. 우선, 매년 두 번의 패션쇼에 맞춰 디자인하던 물량을 전체의 15% 수준으로 낮추고, 나머지 85%는 50개의 마이크로 시즌에 맞춰서 그때그때 디자인합니다. 이런 방식으로 하면 약 일주일 단위로 시장의 변화와 고객의 피드백을 디자인에 반영할 수 있습니다.

이렇게 짧은 생산 주기를 따라가려면, 디자인, 제작, 마케팅, 유통을 각각 다른 부서가 담당하는 예전의 방식을 버려야 합니다. 대신 디자인부터 유통까지 전 과정을 아우르는 소규모 애자일 팀을 여러 개 만들고 마이크로 시즌별로 제품을 유통해야 합니다.

이런 애자일 방식을 적극 도입한 회사가 자라(Zara), 유니클로(UNIQLO), H&M 같은 브랜드입니다. 2014년에서 2017년 사이의 브랜드별 매출을 보면, 이렇게 시장 변화에 적극적으로 대응한 브랜드는 전반적으로 매출이 상승했음을 알 수 있습니다. 반면 빠르게 대응하지 못한 브랜드는 매출 성장이 마이너스였습니다. 물론 이 중에는 바로 전략을 바꿔서 매출 곡선을 플러스로 전환한 브랜드도 있습니다.

브랜드	2014년 3월	2017년 3월	매출
Forever21	27.79%	19.11%	-31%
GAP	11.27%	6.42%	-43%
Express	6.33%	6.15%	-3%
Chalotte Russe	7.43%	5.68%	-24%
NASTY GAL	2.65%	0.79%	-70%
H&M	9.06%	11.05%	+22%
Torrid	2.43%	8.33%	+243%
ASOS	4.68%	7.62%	+63%
Zara	3.24%	5.53%	+71%
UNIQLO	0.72%	4.13%	+470%

패션 브랜드별 매출 변화(Fast Fashion Industry, 2017)

에어비앤비의
운명을 바꾼 애자일

조직의 빠른 대응이 회사의 운명을 가른 사례는 여행 업계에서도 찾아볼 수 있습니다. 2020년 코로나19는 온라인을 제외한 대부분의 산업에 큰 타격을 입혔는데, 그중에서도 여행 업계에 미친 영향은 상상을 초월합니다. 사실상 해외여행이 어렵고, 지역 간 이동조차 감시받는 상황이 이어지면서 항공 산업을 시작으로 여행사, 호텔 업계까지 도미노처럼 무너졌습니다. *(Earnest Research, 2020)*

당시 발표된 산업별 소비 현황 그래프를 보면 여행 업계는 바닥을 쳤다는 말이 어울릴 정도로 가파른 하향 곡선을 그리고 있습니다.

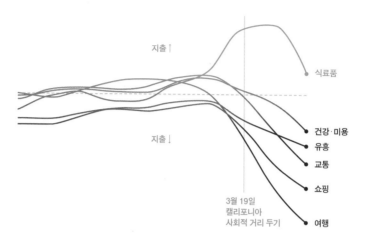

지출↑

식료품

건강·미용
유흥
교통
쇼핑

지출↓

여행

3월 19일
캘리포니아
사회적 거리 두기

코로나19 이후 산업별 소비 증감(The New York Times, 2020)

국내만 봐도 다수의 여행사가 개점 휴업 상태이거나 파산을 신청했습니다. 조용히 매각을 추진 중인 대형 호텔도 있습니다. 세계적인 규모의 기업도 끝이 보이지 않는 코로나19로 인해 미래를 장담할 수 없는 상황입니다. 그중 대표적인 기업이 바로 '에어비앤비(Airbnb)'입니다.

에어비앤비는 여행을 좋아하는 사람이면 한 번쯤은 방문해 본 적이 있는 세계 최대의 온라인 숙박 공유 플랫폼입니다. 2008년 서비스가 시작된 이래 무서운 속도로 성장해서, 코로나19가 발발하기 직전만 해도 기업 공개(IPO)를 앞둔 상태였습니다.

그런데 코로나19로 해외 여행객이 급감하자, 에어비앤비에 숙박 공간을 제공하는 호스트의 매출도 급격하게 떨어졌습니다. 매출의 일정액을 수수료로 받는 에어비앤비의 매출도 당연히 곤두박질쳤습니다. 코로나의 장기화로 에어비앤비의 매출은 계속 떨어졌고, 코로나 발발 후 3개월에는 직원의 4분의 1을 해고해야 할 정도로 상황이 심각해졌습니다. 몇 개월 전만 해도 IPO를 앞둔 기업이 파산을 눈앞에 앞둔 모습을 보면서 그야말로 예측이 불가능한 시대에 살고 있다는 걸 실감할 정도였습니다.

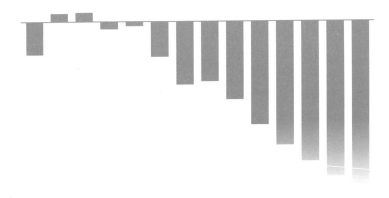

코로나19 이후 에어비앤비 매출 증감(Statista, 2020)

이렇게 거센 변화 속에서 에어비앤비는 '끝까지 버티기'보다는 '애자일하게 대응하기'를 선택했습니다. 우선 온라인 경험을 연결하는 '온라인 익스피리언스(Online Experience)' 서비스를 개설했습니다. 에어비앤비에 원래 있던 '익스피리언스(Experience)'는 지역 주민들이 여는 원데이 워크숍이나 체험 프로그램을 소개하는 서비스로, 코로나19 직전까지는 오프라인 이벤트가 주였습니다. 하지만 코로나19 이후 '온라인 익스피리언스'를 신설하고, 새로운 경험을 원하지만 외국으로 나갈 수 없는 사람들을 타깃팅했습니다.

에어비앤비 홈페이지에 들어가 보면, 스페인의 벌꿀 농장 체험에서 파리의 피아니스트 콘서트, 서울의 한국 음식 체험까지 매력적인 온라인 체험 서비스가 다수 오픈돼 있습니다. 온라인 익스피리언스는 글로벌 화상 회의 툴 줌을 활용해서 지속해서 온라인 경험의 양과 질을 확대하고 있습니다.

보험 회사와 장난감 제조회사의 애자일 전환

오렌지라이프로 사명을 바꾼 ING 생명의 경우, 성공적인 애자일 전환을 이룬 네덜란드 ING 은행의 도움을 받아 국내에서는 비교적 초기에 애자일 방식을 도입했습니다. 오렌지라이프의 애자일은 '스쿼드(squad)'라 불리는 소규모의 애자일 팀이 핵심인데요, 다양한 스킬을 가진 팀원들이 하나의 목표를 향해 기능 횡단적(cross-functional)으로 협업하는 것이 특징입니다. 본사 직원 500명 중 200명가량이 이러한 방식으로 재배치됐습니다.

스쿼드는 기능 중심의 여러 팀이 피라미드형으로 위계를 갖는 기존 조직의 팀과는 상당히 다릅니다. 목표 달성을 위한 과업에서 사업적인 의사 결정까지 업무 수행에 대한 전권을 스쿼드가 갖기 때문입니다. 이렇게 하면 의사 결정 속도도 빨라지고 시장에도 민첩하게 반응할 수 있습니다.

소속된 스쿼드는 다르지만 비슷한 스킬셋을 가진 사람들, 이를테면 마케터, 기획자, 디자이너, 테스터 등은 '챕터(Chapter)'라고 부르는 역량 그룹을 구성하는데, 워터폴 조직의 '부서'와 역할이 비슷합니다. 하지만 챕터의 리더는 부서장처럼 해당 챕터 전체에 대한 수직적 권한을 갖지 않습니다. 대신 챕터에 소속된 개인의 업무 역량을 높이기 위한 코칭이나 프로그램을 제공합니다. 또 챕터 리더 자신도 다양한 스쿼드에서 업무를 수행합니다.

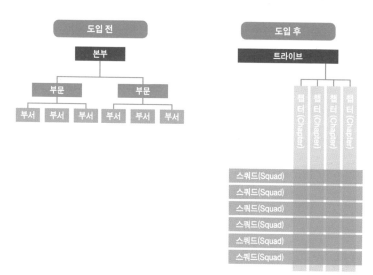

오렌지라이프 조직 구조 변화(장재웅, 2020)

애자일 조직 도입 후, 그동안 오렌지라이프에는 어떤 변화가 있었을까요? 우선 협업의 질과 속도가 빨라졌습니다. 업무의 전 과정을 직원들이 주도하면서 몰입과 책임감도 높아졌습니다. 이전에는 신상품 하나를 준비하려면 2개월 정도가 걸렸는데, 애자일 조직으로 전환한 이후에는 이 기간이 3~4주로 줄었습니다. 조직 전체가 고객의 니즈에 발 빠르게 대응하다 보니 시장에서의 경쟁력이 올라간 것은 당연하고, 오렌지라이프의 기업 문화도 긍정적으로 변하고 있습니다.

레고의 오픈 소스 애자일

덴마크의 장난감 제조 업체인 레고 역시 애자일 방식을 도입하면서 유례없는 변화를 경험하고 있습니다.

레고의 애자일 조직 전환은 2017년부터 시작됐습니다. 우선 기존의 사업부와 기능 중심의 조직 구조를 제품 기반의 애자일 팀으로 재편했습니다. 1년에 한 번 연 단위로 할당하던 예산은 프로젝트별로 진행 과정에 따라 배분했고, KPI(핵심 성과 지표)의 무게 중심을 개인 성과에서 팀의 성과로 바꿨습니다. 직원들의 일하는 방식에 직접적인 영향을 주는 조직 구조, 예산, 평가와 관련된 제도를 바꾸면서 실질적인 변화를 유도한 것입니다.

뿐만 아니라 레고는 직원들을 혁신의 대상이 아니라 주체로 봤습니다. 그래서 애자일 방식으로 혁신하는 전 과정에 직원들이 능동적으로 참여할 수 있는 오픈 소스 방식을 선택했습니다.

이러한 레고의 애자일 도입 결과는 놀라웠습니다. 일하는 방식의 여러 측면에서 동시다발적인 변화가 있었음에도 불구하고 구성원들의 피로도는 높지 않았고 업무 만족도와 동기 부여 수준은 향상됐습니다. 무엇보다 시장의 변화에 대한 대응력이 올라갔습니다. 과거에는 8,000시간이 걸리던 개발 업무가 애자일 도입 이후 4주로 단축된 사례도 있었습니다.

물론 애자일 방식으로 전환하는 데 어려움이 없었던 것은 아닙니다. 어떤 팀은 애자일 방법론을 잘못된 방향으로 적용하기도 했고, 애자일 팀 자체를 구성하는 데 어려움을 겪기도 했습니다. 하지만 특정한 방법론이나 프로세스를 강제하는 대신 직원들이 자발적으로 학습하고 서로를 지원할 수 있는 환경을 마련한 덕분에 레고는 성공적으로 자신들만의 애자일 경험을 축적해 가고 있습니다.

국내 기업의 애자일 도입이 실패하는 이유

애자일 방식으로 전환을 시도한 모든 기업이 의미 있는 수준의 성과를 거두는 것은 아닙니다. 미국의 소프트웨어 개발사인 아브락사스 애플리케이션은 애자일 전환의 핵심 중 하나인 커뮤니케이션을 간과하는 바람에 초반에 큰 실패를 맛보기도 했습니다. 국내에서는 오렌지라이프나 SK이노베이션 등을 제외하면 뚜렷한 성공 사례가 없을 정도로 성과가 저조합니다.

왜 이렇게 애자일 조직을 만들기가 어려울까요? 애자일 도입에 실패한 기업들은 도대체 어디에서 실수가 있었던 걸까요?

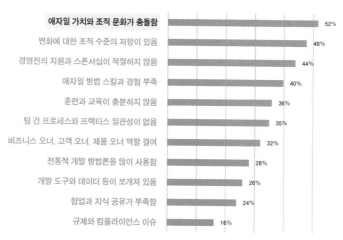

애자일 가치와 조직 문화가 충돌함	52%
변화에 대한 조직 수준의 저항이 있음	48%
경영진의 지원과 스폰서십이 적절하지 않음	44%
애자일 방법 스킬과 경험 부족	40%
훈련과 교육이 충분하지 않음	36%
팀 간 프로세스와 프랙티스 일관성이 없음	35%
비즈니스 오너, 고객 오너, 제품 오너 역할 결여	32%
전통적 개발 방법론을 많이 사용함	28%
개발 도구와 데이터 등이 쪼개져 있음	26%
협업과 지식 공유가 부족함	24%
규제와 컴플라이언스 이슈	16%

애자일 조직의 장애 요인(COLLABNET VERSIONONE, 2019)

2019년 버전원이 발표한 애자일 보고서에 의하면, 가장 많은 사람이 꼽은 애자일 도입의 장애 요인은 '애자일 가치와 충돌하는 조직 문화'였습니다. 빠른 대응과 구성원의 상호 작용을 중시하는 애자일의 가치가 문서와 절차 중심의 기존 조직 문화와 정면으로 부딪치면서 애자일 방식이 뿌리를 못 내리고 말라 죽은 것입니다. 실제 국내 기업들이 애자일 도입에 실패하는 이유를 살펴보면 몇 가지 공통점이 있습니다.

방법론에만 치중합니다

국내의 많은 기업은 애자일 철학과 마인드셋에 대한 이해 없이 방법론에만 치중해서 애자일을 도입하는 경향이 있습니다.

칸반(Kanban), 스프린트(Sprint), 스크럼(Scrum) 등 이미 잘 알려진 애자일 방법론은 애자일 마인드셋을 각 기업의 상황에 맞게 적용하는 과정에서 나온 결과물이지, 그 자체가 애자일의 본질이라고는 할 수 없습니다. 그렇기 때문에 다른 조직에서 성공한 애자일 방법론을 그대로 가져와서 우리 조직에 적용하는 것은 마치 다른 사람의 맞춤 정장을 빌려 입는 것과 같습니다. 그 옷이 나에게 딱 맞을 확률은 아주 낮습니다. 다른 조직의 방법론은 참고 대상일 뿐, 우리 조직에 맞는 애자일 방법론은 구성원들의 애자일 경험과 조직 문화를 고려해 스스로 만들어야 합니다.

우리 조직만의 애자일 방법론을 만들 때 기본으로 삼아야 하는 것은 애자일의 철학과 마인드셋입니다. 뒤에서 구체적인 사례와 함께 설명하겠지만, 애자일 마인드셋에 대한 조직 전반의 이해와 동의가 전제되지 않은 상태에서는 어떤 애자일 방법론도 껍데기에 불과합니다.

단어의 뜻에만 집착합니다

애자일 도입에 실패한 기업들의 공통점은 '시장에 빠르게 반응한다'는 본질을 놓치고 '애자일(Agile)'이라는 단어에만 집착한다는 사실입니다.

애자일 조직이 기능이 아닌 목표를 중심으로 팀을 만드는 이유는 시장에 대한 반응 속도를 올리기 위해서입니다. 6개월이 걸리는 서비스

개발을 1개월로 축소하고 여러 사이클을 돌리는 것도 고객의 반응을 최대한 자주 확인하기 위해서입니다. 매일 아침 팀원 모두가 참여하는 짧은 스탠드업 미팅 역시 빠르게 달라지는 시장 상황을 공유하려는 이유가 가장 큽니다.

그런데 여기에서 '고객'과 '시장'이 빠지고 '애자일'만 남으면 역효과가 발생합니다. 애자일 방식이 아니라 기존의 워터폴 방식이 빠른 속도로 돌아가게 되는 것입니다. 팀원들이 각자의 정보를 공유하는 데일리 스탠드업 미팅은 매일 아침 팀장에게 업무를 보고하는 일일 보고로 전락합니다. 2주 단위로 진행되는 스프린트 미팅은 새로운 이름의 주간 보고가 되고, 팀원 간 업무 진행 상황을 실시간으로 공유하려고 만든 칸반 보드는 팀장을 위한 상시 보고로 왜곡됩니다.

이렇게 되면 실질적인 업무의 속도가 빨라지는 게 아니라 보고와 회의의 주기만 단축됩니다. 팀원들은 다양한 버전의 보고서를 준비하느라 정작 시장과 고객의 반응을 확인할 시간을 내지 못합니다. 조직은 바쁘게 돌아가는데 이렇다 할 성과가 없습니다. 결국 애자일 방식에 대한 불신을 남긴 채 익숙한 워터폴 방식으로 회귀합니다.

애자일 팀을 TFT와 혼동합니다

애자일에 실패하는 조직에는 공통점이 하나 더 있습니다. 애자일 팀을 특정 목표를 달성하기 위한 임시 조직(TFT)으로 운영하는 것입니다.

이런 조직에서는 애자일 팀에 속한 직원이 기존의 기능 부서에 중복으로 속해 있습니다. 이를테면 '제주 위성 사무실 구축'이 목표인 애자일 팀의 설계 디자이너가 워터폴 조직의 설계부에도 동시에 소속돼 있는 형태입니다.

이렇게 되면 평가의 주체가 기존의 부서장과 애자일 팀의 리더로 이분화되면서 업무의 집중도가 떨어집니다. 또 워터폴 조직의 리더는 자기 팀원이 애자일 팀에 빼앗겼다고 생각하기 쉬운데, 심한 경우 해당 직원이 애자일 팀에서 활동하기 어렵도록 지속적으로 압박을 행사하는 경우도 있습니다.

앞에 언급한 세 가지 이유 외에도, 애자일 팀을 만들었지만 정작 애자일 팀의 중요한 의사 결정권이 팀 외부에 있거나 애자일 팀의 업무 범위가 완결된 성과를 포함하지 못하는 경우에도 애자일 도입은 무산되기 쉽습니다.

이런 실패를 미연에 방지하는 확실한 방법은, 회사의 최고 의사 결정자부터 실무진까지 애자일 마인드셋을 충분히 이해하고 이를 내재화하는 것입니다. 그런 다음에 우리 조직에 맞는 애자일 방법론을 진정성 있게 연구하고 개발한 후 서서히 기존의 일하는 방식을 대체하도록 하는 것입니다.

다음 장에서는 애자일 도입의 성공을 위해 꼭 필요한 애자일의 핵심 마인드셋을 살펴보고, 그것이 실제 업무 상황에서 어떤 차이를 만드는지 살펴보겠습니다.

애자일 마인드셋의
핵심과 적용

애자일 도입에 성공한 회사에는 공통점이 있습니다. 애자일의 핵심을 이루는 마인드셋을 조직적인 차원에서 내재화하고 이를 일상적인 업무에 적용하는 데 많은 시간을 투자했다는 점입니다. 앞서 애자일의 성공 사례로 소개했던 레고의 경우에도 본격적인 애자일 도입은 2017년이었지만 애자일의 철학을 실무에 적용하려는 노력은 일찍이 2005년부터 시작했습니다.

대표적인 애자일 성공 사례로 꼽히는 글로벌 음원 스트리밍 서비스 회사 스포티파이 역시 업무 구석구석에서 형식적인 문서보다는 실질적인 결과를 우선시하며 애자일 마인드셋을 내재화하는 데 힘을 쏟았지

요. 성공적인 애자일 도입의 전제이자 애자일 성공이 핵심이라고도 할
수 있는 애자일 마인드셋은 과연 무엇이며, 기존의 업무 방식과 어떤 차
이가 있을까요?

공정과 도구보다 개인의 상호 작용

애자일 마인드셋의 첫 번째 원칙은 업무 공정이나 도구보다 개인 간
의 상호 작용을 우선시하는 것입니다. 일의 프로세스나 규칙도 중요하
지만, 그보다 일하는 사람들 간의 협의와 논의가 우선시돼야 한다는 의
미지요. 실제 예를 들어 보겠습니다.

I기업에서는 직원이 사내 이벤트 공간을 사용하려면 총무팀의 허락을
먼저 받아야 합니다. 공간이라는 회사의 재산이 일부 직원들에 의해 독
점되는 걸 막기 위해서 만들어진 프로세스입니다. 취지는 좋지만 직원
들은 이런 프로세스가 지나치다고 느낄 때가 많습니다. 이용 신청을 하
려면 그룹웨어로 들어가서 두 쪽에 달하는 항목을 입력해야 할 뿐 아니
라 최종 승인을 받는 데도 평균 이틀이 걸리기 때문입니다. 15분도 하지
않는 팀 생일 파티를 위해 30분이 넘는 시간을 사전 신청서 쓰는 데 버
려야 하니 여간 번거로운 일이 아닙니다.

만약 애자일 마인드셋을 이 상황에 적용한다면 어떻게 달라질까요?
지금의 신청 절차는 그대로 두되 필요에 따라 총무팀 직원과 신청자 간

의 합의를 통해 간단하게 사용을 허락받을 수도 있을 겁니다. 30분 동안 그룹웨어에 접속해서 생일 파티의 목적과 참석자 명단을 일일이 입력하는 대신 총무팀 직원이 직접 생일 파티를 참관하는 것도 가능할 겁니다. 가능하다면 이벤트 공간의 실시간 예약 현황을 그룹웨어에 공지해서 이용자들끼리 협의해 사용하도록 놔두는 것도 애자일다운 방법입니다.

추상적인 문서보다 실질적인 결과

애자일 마인드셋의 두 번째 원칙은 추상적인 문서보다 실질적인 결과를 우선시하는 것입니다. 기획서나 보고서를 쓰는 데 많은 시간을 쓰기보다는 그 일이 가져올 결과와 실질적인 효과에 집중하는 것입니다.

온라인 서비스를 만드는 회사에서 개발자가 버그를 발견했다면 가장 애자일스러운 행동은 그 버그를 즉시 수정하는 것입니다. 버그의 내용과 심각성이 숫자로 표시된 버그 리포트를 작성해 상사에게 제출하고 결재가 나면 그제서야 수정하는 것은 전혀 애자일스럽지 않습니다. 물론 업무의 체계나 히스토리 관리를 위해서는 필요한 일이라고 말할 수도 있습니다. 하지만 실질적인 결과에 영향을 주는 일보다 관리를 기록하기 위한 문서 업무에 더 많은 시간을 할애하는 것은 관료주의의 잔재일 뿐입니다.

그래서 애자일 마인드셋이 내재화된 기업에서는 정형화된 방식의 보고서나 기획서를 지양합니다. 20~30장에 달하는 파워포인트형 보고서 대신 핵심 내용을 중심으로 쓴 한 장짜리 기획서면 충분합니다. 보고서 역시 결과와 이슈를 중심으로 간결하게 작성합니다. 그렇게 절약한 시간으로 실질적인 결과에 미치는 이슈들을 논의합니다.

계약과 협상보다 고객과의 협력

애자일 마인드셋의 세 번째 원칙은 고정된 계약 안에서의 협상보다는 고객과의 협력을 우선시하는 것입니다. 이 말은 듣는 사람에 따라서 달리 해석될 여지가 많으므로 설명이 필요합니다.

보통 계약이라고 하면, 발주사가 규정한 '특정 기능을, 정해진 시간에, 정해진 금액으로 완료하는' 방식을 생각합니다. 만약 한 교육 회사가 대기업과 팀장의 리더십 프로그램을 계약한다면 '리모트워크에 필요한 디지털 역량과 코칭 역량을 1개월 동안 1억 원의 예산으로 진행한다'는 식입니다.

무엇을 어떻게 할지가 정해져 있고 여기에 들어갈 시간, 인력, 비용이 모두 고정된 이런 워터폴 방식은 얼핏 보기엔 안정적이고 리스크가 없는 것처럼 보입니다. 하지만 다른 관점에서 보면 최상의 결과를 만들기 어렵게 하는 구조적인 허점이 있습니다.

우선 교육 회사 입장에서 이 기업의 팀장들에게 중요한 역량이 디지털이나 코칭이 아니라고 판단 변경될 경우에도 커리큘럼을 변경하기가 어렵습니다. 거기다 예산과 기간이 고정돼 있기 때문에 교육 회사는 가능한 최소한의 비용으로 프로그램을 진행하려고 합니다. 물론 대부분의 교육 기업들은 그러면서도 프로그램의 원래 목적을 잊지 않겠지만, 계약 조건이 구체적이고 유연성이 적을수록 프로그램은 형식적이 될 가능성이 높습니다. 그 결과 교육은 계획대로 진행됐지만 효과가 미비하거나 심하면 재교육에 더 많은 시간과 예산이 들어가기도 합니다.

반면 애자일 방식에서는 계약서상의 협상보다 실질적인 결과를 중시합니다. 처음부터 계약의 목적을 리모트워크에 필요한 팀장의 역량 강화로 세팅하고 어떤 교육이 얼마나 필요한지를 교육 회사와 함께 고민합니다. 어떻게든 계약금을 낮추려는 쪽과 어떻게든 이익을 최대화하려는 쪽의 대결 구도 속에서 인위적인 합의점을 찾기보다는 '최상의 교육 효과를 낸다'는 공통의 목적을 위해 지속해서 협력하는 것입니다. 프로그램에 들어갈 인력, 예산, 기간도 이런 방식으로 협의하면 양쪽이 원하는 것을 얻는 지점을 찾을 수 있습니다.

어떤 분들에게 이 말이 너무 이상적으로 들린다는 것을 잘 압니다. 하지만 저희의 경험에 비추어 보면, 워터폴 방식보다는 애자일 방식에서 성과가 더 좋았습니다. 오랫동안 맞다고 믿었지만 실제로는 성과를 제한하는 워터폴 방식과 이상적으로 들리지만 현장에서는 더 나은 결과를 내는 애자일 방식. 과연 무엇이 허상이고 현실일까요?

계획의 준수보다 변화에 대한 반응

애자일 마인드셋의 마지막 원칙은 계획의 준수보다 변화에 대한 반응을 우선시하는 것입니다.

일하는 데 계획이 빠질 수는 없습니다. 운전할 때 내비게이션으로 최단 시간에 도착하는 루트를 미리 확인하는 것처럼 계획이 있어야 목적지에 도착하는 구체적인 그림을 그릴 수 있습니다. 하지만 내비게이션이 찾은 이 최상의 루트는 출발점을 떠나는 순간부터 계속 변합니다. 선택한 경로에서 갑자기 사고가 나기도 하고 때마침 퇴근 시간과 겹쳐서 정체가 길어지기도 합니다. 상식적인 운전자라면 이렇게 변하는 상황에 따라 최적의 루트도 계속해서 바꿀 겁니다. 차가 거의 서 있다시피 하는데도 "우리의 계획은 이 길로 가는 거야"라면서 시간을 버리는 사람은 없습니다.

그런데 일에서만은 이런 융통성이 당연하게 발휘되지 않습니다. 계획할 때는 예상하지 못했던 변수가 발생해도, 계획을 수정하는 데 부담을 느껴 원래의 일정을 무리하게 진행하는 경우가 잦습니다.

저는 스마트 오피스 프로젝트를 진행하면서 이런 상황을 자주 겪었습니다. 프로젝트 진행 중에 클라이언트사의 조직 개편으로 부서별 인원수가 크게 바뀌었는데 TF 담당자가 확정된 도면을 변경하는 것에 부담을 느껴서 스마트하지 않은 스마트 오피스가 나올 뻔한 적이 있습니다. 한번은 공사가 몇 주 안 남은 시점에 클라이언트사가 다른 기업을 인수

합병하는 바람에 임대층 4개를 추가로 디자인해야 했는데, 공사를 한 번에 진행한다는 원래의 계획에 발이 묶여 공사와 설계를 거의 동시에 진행한 적도 있었습니다.

애자일의 관점에서 본다면 예상치 못한 이슈는 언제나 존재하고, 그래서 상황이 변하면 그에 맞게 계획도 수정되는 것이 당연합니다. 공사를 해야 하는 범위가 늘어났다면 그에 맞게 일정을 재수립하고 기존 도면도 다시 확인해서 불필요한 공간의 중복을 없애는 것이 맞습니다. 조직 개편으로 공간 배치가 달라져야 하면 지금까지 그린 도면이 아깝더라도 새 조직을 최적으로 수용하는 도면을 다시 만드는 게 맞습니다. 계획을 변경하지 않으면 당시에는 돈과 시간을 아낀 것 같겠지만, 변화를 반영하지 못한 결과물은 그 자체가 낭비일 수 있습니다.

현장에서 검증된
현실적인 애자일 도입안

애자일을 도입할 때 저지르는 가장 흔한 실수는 애자일을 방법론으로 이해하는 것입니다. 칸반, 스크럼, 데일리 스탠드업 미팅 같은 방법론만 가져오면 마술처럼 업무 속도가 늘어날 거라 기대하고 야심 차게 애자일 팀을 만듭니다. 사무실 한편에 포스트잇이 가득한 칸반 보드도 만들고 2주에 한 번 리뷰 회의도 세팅합니다. 애자일 팀의 리더들은 외부에서 진행하는 애자일 워크숍에도 참가하면서 만반의 준비를 합니다.

하지만 야심 차게 시작한 애자일 팀 대부분은 두 달이 채 되지 않아 무기력에 빠집니다. 웬만한 애자일 방법론들을 다 시도했지만 근본적인 업무 방식은 변한 게 없고, 실질적인 결과도 그대로입니다. 얼마 안 가 애자일 팀은 파일럿 프로젝트를 마지막으로 해체됩니다. 회사 로고가 박힌 두툼한 보고서 하나가 유일한 결과입니다. 애초에 파일럿이라고 명명했기 때문에 누구도 공공연하게 실패라고 말하진 않지만, 이번 경험을 통해 구성원들은 한 가지 믿음이 생겼습니다. '우리 조직에는 애자일이 안 맞는다'는 믿음이.

사실 애자일 방식을 도입하는 시점에는 모든 사람이 최선을 다합니다. 담당자는 주말을 반납하며 애자일이니 데브옵스니 관련 분야의 전문가들을 찾아다니며 자문을 구하고 참여하는 팀원들은 변화를 기대하며 각오를 다집니다. 뿌리박힌 워터폴 방식을 제거하고 애자일 조직 문화로 혁신하겠다는 열정과 진정성으로 가득합니다.

하지만 이런 마음이 늘 결과로 이어지지는 않습니다. 애자일 방식은 익숙했던 업무 프로세스를 완전히 뒤집어야 하기 때문에 '애자일 조직의 산소'라고 불리는 커뮤니케이션 방식에 변화가 없으면 성공을 기대하기가 어렵습니다. 또 애자일의 핵심은 방법론이 아니라 마인드셋인 만큼 애자일 팀의 구성원들이 애자일의 철학에 동의하고 체화하는 과정이 선행돼야 합니다. '커뮤니케이션'이나 '마인드셋'이란 단어가 들어간 것치고 단시간에 마술처럼 이루어진 게 없는데요, 애자일도 예외가 아닙니다.

이런 어려움에도 불구하고 애자일을 우리 조직의 장기적인 전략으로 선택했다면 여기 몇 가지 현실적인 도입안이 있습니다. 저희가 진행했던 애자일 프로젝트를 근거로 구체적인 도입 과정과 단계별 핵심 원리를 공유합니다.

협업 툴로 커뮤니케이션의 투명함 높이기

먼저 조직 전반의 커뮤니케이션을 애자일 모드로 전환하는 방법이 있습니다. 이 방법은 조직 전체를 애자일화하기에는 기업 문화가 보수적이거나 애자일 도입에 대한 경영진의 지원이 없어 담당자의 부담이 클 경우에 시도할 수 있습니다.

우선 조직 구성원 모두가 업무 현황을 상시로 공유할 수 있는 온라인 협업 툴을 도입할 수 있습니다. 앞서 여러 차례 강조한 것처럼 애자일의 핵심은 고객과 시장의 변화를 빠르게 인지하고 반응하는 것이 핵심이고 그러려면 적어도 조직 안에서는 정보의 흐름이 막히지 않아야 합니다. 조직 구조상 정보가 전달되는 속도에 시차가 크다거나 정보 공유에서 누락되는 그룹이 생기면 시장에 빨리 반응하기가 어렵습니다.

이때는 시중에 나와 있는 다양한 협업 툴을 활용해서 조직 내 정보의 흐름을 구조적으로 단순화할 수 있습니다. 한 부서에서 주고받는 정보는 개별 메시지 대신 부서원 모두가 참여하는 채팅방에 전달합니다. 티타임이나 오프라인 미팅 같은 오프라인 루트로 전달된 정보가 있다면 번거롭더라도 다시 관련 직원들이 모두 볼 수 있는 채팅방에 공유합니다. 가능한 한 모든 정보를 이렇게 기록화하고 공식화하는 것이 핵심입니다.

서로가 무슨 일을 하고 있는지 몰랐던 조직일수록 이 과정에서 반발이 크고 수용 시간도 오래 걸립니다. 협업 툴의 효용에 대한 공격이 들어오기도 하고 일일이 기록할 시간이 없다며 비아냥대는 사람들도 나옵니다. 이보다 구체적으로 보안 이슈를 언급하는 사람도 있습니다. 사실 이런 우려는 업무 현황이 상시 공유되는 기업의 실제 모습과는 거리가 있습니다. 하지만 이는 직접 경험하기 전에는 이해하기가 어렵습니다. 불안과 두려움은 논리가 아니라 감정의 영역이기 때문입니다. 이럴 때는 직원들의 우려에 공감해 주되 전사적인 업무 공유에는 사사로운 불편함을 넘어선 큰 목적이 있음을 강조하는 것이 좋습니다.

협업 툴을 기반으로 업무를 상시 공유하는 체계가 자리 잡으면 직원들 간의 중복 커뮤니케이션이 눈에 띄게 줄어듭니다. 보고의 횟수가 줄어들고 보고서를 만드는 데 들인 시간을 성과를 만드는 진짜 일에 사용합니다. 진행 중인 업무에 문제가 발생하면 가장 효과적으로 해결할 수 있는 팀이 상황을 빠르게 확인하고 대처할 수 있습니다.

기획서의 완성도를 낮추고 파일럿 포함하기

이렇게 조직 내의 정보 흐름이 원활해졌다면 이제는 계획에 소모되는 시간을 줄이고 논의를 늘리는 단계로 나아갈 수 있습니다.

먼저 프로젝트의 기획에 들어가는 일정을 기존 대비 절반으로 축소하고 완성도 역시 50% 수준으로 낮춥니다. 기획의 완성도를 낮춘다는 것은 예산, 일정, 투입 인력 등이 명시돼 있지만 이것이 변경될 여지를 충분히 둔다는 의미입니다. 이렇게 러프한 기획이 만들어지면 연습한다는 생각으로 기획 내용을 실행해 봅니다. 이 과정에서 기획서의 현실성이나 모순이 빠르게 드러납니다. 예전이라면 회의실에서 몇 시간씩 탁상공론을 했을 이슈들의 절반은 실행하자마자 즉각적으로 의사 결정이 가능합니다.

이처럼 파일럿 수준의 실행을 경험하면 자연스럽게 앞서 작성한 기획서를 보완할 필요성을 느낍니다. 그럼 적절한 시점을 잡아 처음 들였던 시간의 절반을 투입해 기획서를 보완합니다. 하지만 이 단계에서도 기획서의 완성도는 80% 수준을 넘기지 않습니다. 변화가 디폴트인 환경에서는 기획이 완벽하면 완벽할수록 실행의 유연함이 사라지기 때문입니다. 효율 면에서도 기획의 완성도를 80% 이상으로 높이기 위해 들어가는 시간은 가성비가 낮습니다. 기획의 완성도를 결과의 완성도와 혼동하면 안 됩니다.

기획을 두 번에 나눠서 진행하고 그사이에 파일럿 수준의 실행 단계를 넣으면 이점이 많습니다. 무엇보다 실제 기획에 들어가는 시간이 기존의 3분의 2 수준으로 줄어듭니다. 기획의 완성도를 높이느라 수개월을 허비하고 정작 후반에는 실행할 시간이 부족해서 결과의 완성도를 희생해야 하는 어리석은 상황을 피할 수 있습니다. 또 실행 전에는 알 수 없는 요소가 기획에 반영되기 때문에 기획서 자체의 현실성이 높아지고 그만큼 본격적인 실행에 들어가는 시간도 단축됩니다.

이렇게 되면 프로젝트 진행 중에 발생하는 이슈나 고객에 대해 논의할 시간을 확보할 수 있습니다. 그리고 이 지점이 바로 결과의 완성도를 높일 수 있는 포인트입니다. 그러니 이 단계에서 시간이 좀 걸린다고 조급해할 필요는 없습니다. 그 시간은 고스란히 더 나은 프로젝트 결과로 이어질 가능성이 크기 때문입니다.

앞서 이야기했듯이 글로벌 컨설팅 업체 스태디시가 발행한 보고서에 따르면, 유수 글로벌 기업들의 평균 일정 초과율은 이미 74%에 달합니다. 그러니 당신이 맡은 6개월짜리 프로젝트가 8개월이 걸린다 해도 이미 당신은 평균 이상으로 잘하고 있는 셈입니다.

애자일 어벤져스팀 구성하기

애자일을 도입하는 더 적극적인 방법은 네덜란드의 ING나 국내의 오렌지라이프처럼 본격적인 애자일 팀을 구성해 조직 내부의 성공 사례를 만드는 것입니다.

애자일이든 스마트워크든 한국 기업은 새로운 것을 시도할 때마다 유독 다른 기업의 사례에 집착합니다. 이 제도를 먼저 도입한 글로벌 회사가 있는지, 비슷한 규모의 성공 사례가 있는지, 유사한 산업에서 이 제도가 어느 정도 도입이 돼 있는지를 확인하고 심지어 이런 벤치마킹과 사례 조사만 전담하는 팀을 꾸리기도 합니다. 물론 새로운 일을 시작할 때 우리보다 먼저 시도한 사례가 궁금한 건 당연합니다. 문제는 우리와는 상황이 다른 외부의 사례에 의존해 중요한 의사 결정을 내린다는 사실입니다.

2018년, 《언리더십》의 저자 닐스 플레깅(Niels Pflaeging)이 서울 스마트워크 행사를 위해 한국을 방문했을 때도 성공 사례에 집착하는 한 기업 담당자의 모순을 지적한 적이 있습니다.

"제가 수십 개의 사례를 말씀드려도 실질적인 도움이 되진 못할 겁니다. 당신이 변하고 싶지 않다면 아무리 좋은 사례를 알아도 차이점을 찾아낼 것이고 당신이 변하고 싶다면 성공 사례가 있든 없든 시작하면 되니까요."

저는 닐스 플레깅의 말에 깊이 공감합니다. 다른 분야에서도 마찬가지겠지만 특히 스마트워크에 있어서는 타 기업의 사례 수십 개보다 조직 내부의 사례 하나가 더욱 효과적입니다. 조직 구성원들 역시 신문에서 읽은 남의 회사의 사례보다 우리 회사의 작은 사례에 마음이 움직입니다. 변화는 자신에게 익숙한 곳에서 일어나야 진정성이 느껴지고 믿음이 가기 때문입니다.

그렇다고 해서 무턱대고 애자일 팀을 만들라는 말은 아닙니다. 애자일은 방법론이기에 앞서 일을 대하는 태도이기 때문에 앞서 소개한 애자일 원칙을 전사적으로 공유하고 표면적인 용어를 넘어 본질적인 의미를 학습하는 시간이 필요합니다. 이런 과정은 굳이 워크숍이나 교육 프로그램으로 무겁게 갈 것 없이 캠페인이나 참고 자료를 공유하는 것으로도 충분합니다. 다만 모든 직원이 애자일 원칙이란 개념에 익숙해질 수 있도록 충분히 기다려 줄 수 있어야 합니다.

직원들이 애자일 마인드셋을 자연스럽게 논의하기 시작한다면, 이제는 기존의 소규모 프로젝트를 애자일 방식으로 실행해 볼 수 있습니다. 이 단계에서는 애자일 원칙을 이해하고 동의하는 직원들을 중심으로 애자일 팀을 구성하고 비교적 결과가 명확한 사내 프로젝트를 파일럿으로 진행해 봅니다. 파일럿이란 이름을 붙이면 애자일 팀에 참여하는 직원들의 부담이 확실히 줄어듭니다.

같은 일을 애자일 방식으로 진행하면 예상치 못한 다양한 시행착오를 겪게 됩니다. 워터폴 방식에 최적화돼 있던 회사일수록 애자일 팀이 겪는 혼란의 정도는 커집니다. 하지만 이런 과정을 통해서 구성원들은 애자일 마인드셋을 내재화하고 우리 조직에 맞는 현실적인 도입안을 찾아갑니다. 이 과정에서는 애자일 팀 밖에 있는 관리자의 간섭을 최소한으로 줄이는 것이 중요합니다.

이렇게 6개월가량의 파일럿이 끝나면 그동안의 업무 과정을 전 직원과 공유하는 이벤트를 여는 것도 의미가 있습니다. 이 시간을 통해 애자일 방식의 현실성과 가능성을 오픈해서 논의할 수 있고 애자일 팀의 경험과 통찰을 조직의 지식으로 확장할 수도 있습니다.

첫 번째 파일럿을 성공적으로 마쳤다면 이제는 본격적인 애자일 팀을 구성할 준비가 된 셈입니다. 특정 부서에 소속돼 있으면서 사이드로 애자일 프로젝트를 진행하는 TF 방식이 아니라, 회사의 실제 목표를 반영한 독립적인 애자일 팀을 구성하는 것입니다. 제조 기업의 스마트 오피스 구축을 목표로 하는 애자일 팀도 가능하고 지역별 스트리밍 서비스 유료화를 목표로 하는 애자일 팀도 가능합니다. 중요한 것은 회사 안의 작은 스타트업처럼 자체적인 비즈니스 목표를 향해 구성원들이 지속적으로 자기 조직화(self-organizing)해 나가는 팀을 만드는 것입니다.

팀원 구성은 파일럿 프로젝트에서 애자일 방식을 경험한 직원을 기본으로 하되 신규 멤버는 새로운 환경에 빠르게 적응할 수 있는 주니어 레벨로 제한하는 것이 좋습니다. 기능적으로는 목표 달성에 꼭 필요한 스킬셋을 가진 직원이 포함돼야 하는데, 그러려면 리더가 성과에 영향을 주는 핵심 성공 요소를 잘 알고 있어야 합니다. 반면 목표 달성에 미치는 영향이 적은 경영 지원 업무나 단기간 일시적으로만 필요한 업무는 그때그때 협조를 구하는 식으로도 충분합니다.

애자일 팀 리더의 조건

본격적인 애자일 팀을 구성할 때 특별히 신경 써야 할 것이 하나 있습니다. 바로 리더입니다. 애자일 팀의 애자일의 철학과 원칙을 신뢰하고 이를 실현하려는 의지가 강한 사람이 맡아야 합니다. 동시에 애자일 팀 내부에서 일하는 사람이어야 하고, 목표와 관련된 사업적인 의사 결정을 내릴 수 있는 사람이어야 합니다.

흔히들 실수하는 게, 애자일 팀을 만든 다음 애자일 팀 외부의 임원 한 명을 리더로 앉히는 것입니다. 이렇게 되면 내부에서 팀을 실질적으로 끌고 가는 책임자의 권한이 부족해서 업무가 애자일하게 진행되지 않습니다. 팀원들이 긴밀하게 논의를 해도 중요한 의사 결정이 그 자리에서 나지 않기 때문에 속도는 늘어지고 추진력도 사라집니다. 애자일이라는 포장지를 씌운 또 다른 워터폴 방식이 되는 겁니다. 이렇게 되지 않으려면 애자일 팀에 절대적인 영향력을 행사하는 사람은 최고 경영자로 최소화하고 그 외의 의사 결정에 대해서는 애자일 팀 내부의 리더에게 일임해야 합니다.

5 뉴 리더십

리더는 체스마스터인가, 정원사인가

체스마스터형 리더십
vs. 정원사형 리더십

많은 돈을 들여서 스마트워크를 도입해도 투입한 돈과 시간만큼 효과를 못 보는 기업들이 많습니다. 일하는 방식의 변화를 주도하고 촉진해야 할 리더의 인식이 변하지 않아서입니다.

어떤 팀장님은 회사의 정책 때문에 팀원들의 재택근무를 허락했지만, 출근부터 퇴근까지 30분 단위로 재택근무 내용을 확인합니다. 어떤 부서장은 자율좌석제가 도입된 이후에도 개인 물건을 한 책상에 쌓아 놓고 고정석으로 사용합니다. 심지어 팀장들에게는 일찍 출근해서 본인 옆에 자리를 잡으라고 지시합니다. 성과 중심으로 움직이는 애자일 조직을 만들어도 조직의 관성 때문에 또 다른 형태의 위계 조직이 되는 경우가 흔합니다.

일하는 방식이 변해야 한다고 생각하면서도 정작 리더의 행동이 변하지 않는 이유는 직원을 바라보는 리더의 시선 때문입니다. 팀원을 스스로 일할 수 있는 주체가 아니라 관리의 대상으로 바라보는 것이지요. 리더가 팀원들에게 뭘 해야 하는지 일일이 지시해야 그나마 일이 제대로 돌아간다고 생각하고 자신과 다른 의견을 내거나 새로운 시도를 하는 팀원들에 대한 신뢰도 없습니다. 그러니 팀원들이 일하는 모습이 눈에 보이지 않으면 불안하고 이런 불안함이 마이크로 매니지먼트로 이어집니다.

그러나 리더들의 이런 생각은 현실과는 다소 차이가 있습니다. 직원들이 일을 제대로 못 하는 이유는 게으르거나 능력이 부족해서가 아니라, 왜 그 일을 해야 하는지 모르기 때문입니다. 일을 진행하게 된 배경이나 이유도 듣지 못하고 그저 위에서 하라니까 시작한 일이기 때문에 뭘 어떻게 해야 할지도 모르고 무엇이 중요한지 판단하기도 어렵습니다. 이렇게 모호한 상황에서도 적극적으로 일하는 사람들은 상당히 드물고 때로는 비현실적이기까지 합니다.

사실 디지털 네이티브(Digital Native)로 불리는 Z세대나 디지털 노마드(Digital Nomad)로 불리는 Y세대의 젊은 직원들은 이전 세대보다 정보에 대한 접근성도 뛰어나고 기술을 활용하는 능력도 훌륭합니다. 그래서 일의 목적과 배경만 제대로 이해하면 더 짧은 시간에 더 좋은 결과를 가져올 가능성도 큽니다. 그러나 안타깝게도 상당수의 리더들은 중요한 설명을 생략합니다. 위에서 지시받은 일만 잘 처리하면 되는데, 굳이 프로 젝트의 목적이나 배경을 일일이 설명하는 건 시간 낭비라는 것입니다. 심지어 어떤 리더들은 자신도 모르는 걸 어떻게 알려 주냐며 하소연을 합니다.

체스마스터(Chess Master) 리더십

팀원을 관리의 대상으로 생각하는 리더는 자신의 역할을 지시와 관리라고 생각합니다. 팀원을 고정된 기능의 부품 혹은 체스판의 말이라 생각하기 때문에 이런 리더를 '체스마스터형 리더'라고 합니다. 이 개념은 2017년 스탠리 맥크리스털의 인터뷰에서 처음 소개됐는데요, 체스마스터의 움직임 없이는 한 칸도 못 가는 말들의 모습이 마치 리더의 지시 없이는 아무것도 결정할 수 없는 직원들의 모습과 비슷해서 붙여진 이름입니다.

체스마스터형 리더는 중요한 의사 결정을 리더만 내릴 수 있다고 생각합니다. 팀원들은 의사 결정을 내릴 권한이 없을 뿐 아니라 권한을 줘도 결정을 못 할 거라 믿습니다. 체스마스터형 리더가 이끄는 조직에서 팀원들은 각자의 제한된 기능을 수행할 뿐 전체 그림을 본다거나 상황을 판단하지는 못합니다. 그렇기 때문에 판 전체를 보고 있는 리더가 언제, 무엇을, 어떻게 할지 항상 지시를 내려 줘야만 움직입니다.

체스마스터형 리더에게 좋은 팀원이란, 자신이 내린 지시를 신속하게 수행하는 직원이지 스스로 생각하고 판단하는 직원이 아닙니다.

정원사(Gardener) 리더십

체스마스터형 리더와는 달리 직원을 스스로 생각하고 성장하는 존재로 바라보는 리더도 있습니다. 리더의 역할을 가이드 혹은 서포터라고 생각하는 '정원사형 리더'는 팀원들을 체스판의 말이 아니라 계속 성장하는 식물이라고 생각합니다. 리더가 해야 할 일은 팀원들이 스스로 성장할 수 있는 환경을 만들어 주는 것이라고 믿습니다. 마치 정원사가 식물이 잘 자라도록 물을 주고, 영양분을 주고, 흙을 갈아 주는 것과 비슷하게 말이지요.

정원사형 리더는 적절한 환경만 조성해 주면 직원들이 스스로 배우며 성장할 수 있다고 생각합니다. 정보만 충분하면 얼마든지 스스로 의사 결정을 할 수 있고 조직의 목적을 위해 주변과도 적극적으로 상호 작용할 수 있다고 믿기 때문에 팀원들에게 최대한 선택권을 주려고 노력합니다. 그래서 정원사형 리더에게는 팀원들의 업무를 일일이 확인하는 것보다 팀의 비전과 목적을 공유하는 것이 훨씬 중요합니다. 지금처럼 변화가 잦은 시대에는 리더가 정답을 갖고 있지도 않을뿐더러, 정답을 안다고 해도 모든 업무 과정에 관여할 수는 없기 때문입니다.

정원사형 리더에게 좋은 팀원이란, 리더의 지시를 재빠르게 수행하는 직원이 아니라 스스로 문제를 발견하고 기존의 해결 방법에 이견을 제시하면서 스스로 결과를 만들어 가는 직원입니다.

스마트워크와 리더십의 관계

스마트워크를 구현하는 방법은 다양하지만, 성공적인 스마트워크 도입을 위해 조직이 가장 시간과 정성을 들여야 하는 영역은 리더십의 전환입니다. 스마트 오피스에서 애자일 조직까지 스마트워크의 방법론은 하나같이 정원사형 리더십에 기반을 두고 작동하기 때문입니다.

잘나간다는 최신 협업 툴을 도입하고 피드백을 중심으로 평가 제도를 바꿔도, 직원들이 매일 마주치는 사람이 체스마스터형 리더라면 스마트워크는 제대로 작동하기 어렵습니다. 재택근무는 첨단 기술을 통한 감시 근무가 되고, 애자일 조직은 고도의 보고 조직이 될 수도 있습니다. 팀원을 자율적인 의사 결정의 주체로 보지 않는 리더와의 스마트워크는 직원들에게 이중고가 되기도 합니다.

대한민국의 많은 조직이 스마트워크 도입에 적지 않은 돈과 시간을 썼음에도 실질적인 변화를 이끌어 내지 못한 이유가 바로 여기에 있습니다. 이제는 20세기를 이끌었던 체스마스터형 리더가 아니라 정원사형 리더가 필요합니다.

스마트워크에서 말하는 리더십의 핵심은 간단합니다. 조직의 중심에 리더가 아니라 일의 목적과 의미를 두는 겁니다. 리더는 그 목적과 의미를 수호하기 위해 존재하는 것이지요. 풀어서 설명하면, 리더의 역할은 구성원들이 방향성을 잃지 않게 중심을 잡아 주고, 빠르고 효율적인 의사 결정 구조를 세팅하고, 반복해서 발생하는 조직 차원의 낭비를 제거하고, 구성원 간의 커뮤니케이션을 막는 장애물을 제거하는 것입니다. 구성원들의 자율성을 확보하고 조직 전반의 신뢰 수준을 높이는 것 역시 중요한 리더의 역할입니다. 이제 본격적으로 펼쳐질 리모트워크 시대를 대비한다면 더욱 그렇습니다.

실행력을 높이는 '왜냐하면'의 힘

조직에서 점점 중간 관리자의 역할이 작아진다는 이야기가 흔히 들려옵니다. 한번은 제가 참여한 스마트 오피스 프로젝트에서 40대 중반의 팀장님에게 이런 이야기를 들었습니다.

"디렉터님, 스마트 오피스가 완성되고 애자일 조직까지 도입하면 이제 팀장들은 다 없어지는 건가요? 저 같은 중년의 팀장은 어떤 준비를 해야 하는 건가요. 솔직히 좀 막막합니다."

제 기억에 질문의 뉘앙스는 이랬습니다.

'시대가 워낙 급격하게 변하는 만큼 회사가 생존을 위해 변화를 시도하는 건 충분히 이해된다. 하지만 이런 변화 속에서 팀장인 나의 가치는 어디에 있는 건지 혼란스럽다.'

스마트워크 디렉터로서 중간 관리자의 이런 혼란은 충분히 이해됩니다. 지금까지 중간 관리자의 역할은 주로 정보의 수렴과 이를 통한 의사 결정이었습니다. 그런데 언제부터인가 정보의 흐름이 자유로워지면서 웬만한 의사 결정은 구성원들이 알아서 하기 시작했습니다. 정보의 허브이자 의사 결정의 중심이던 리더의 존재감이 점점 작아지는 느낌이 드는 건 당연합니다. 실제로 저희가 참여한 프로젝트에서 스마트워크의 도입을 가장 불편해하는 직급은 중간 관리자입니다.

정말 스마트워크에서는 리더가 필요하지 않은 걸까요?

대체할 수 없는 중간 관리자의 역할

만약 중간 관리자로서의 주요 업무가 부하 직원에게 보고를 받고, 업무를 지시하고, 의사 결정을 해 주고, 정기적으로 평가를 하는 것이라면, 중간 관리자의 역할이 곧 사라진다는 말은 맞습니다. 앞으로는 팀장의 지시 없이도 직원들은 어떤 업무를 해야 하는지, 무엇이 더 나은 결정인지를 판단할 수 있기 때문입니다. 특히 하루가 멀다 하고 발전하는 협업 툴 덕분에 이제는 누구나 쉽게 필요한 회사 정보에 접근할 수 있게 됐습니다. 직원들에 대한 평가 역시 나날이 발전하는 기술과 서비스 덕분에 점점 사람의 힘이 필요 없어지고 있습니다. 직원들의 근태나 인사 기록은 사람보다 IT 시스템이 더 정확하고 빠르게 처리합니다.

이와 반면에 중간 관리자로서 하는 업무가 직원들의 심리적 안전감이나 동기 부여와 관련돼 있다면 중간 관리자의 역할이 사라진다는 말은 틀렸습니다. 특히 리모트워크 시대에 필요한 자율성과 신뢰를 높이는 역할이라면 중간 관리자의 역할은 늘어날 뿐만 아니라 매우 중요해질 겁니다. 이런 영역은 기술로 대체되기 어려운 데다 조직 전체의 생산성에도 직접적인 영향을 미치기 때문입니다. 이제 리더의 역량은 관리력이 아니라 직원들의 자율성을 신뢰하는 능력에 달려 있다 해도 과언이 아닙니다.

자율성의 두 가지 측면

그렇다면 직원들의 자율성은 어떻게 극대화할 수 있을까요? 흔히 생각하는 것처럼 자율성도 성격처럼 타고나는 부분이 있습니다. 거기에다 직장생활 직전의 20년이 개인의 자율성 수준을 상당히 결정합니다. 주변을 살펴보면 아무리 어려운 상황에서도 적극적으로 솔선수범해서 일을 처리하는 사람이 있고, 매뉴얼 수준의 상세한 지시를 받아도 수동적인 사람이 있습니다. 이처럼 자율성의 수준이 사람마다 다르므로 기업의 채용 담당자는 다양한 툴과 인터뷰 기법을 사용해 자율성이 높은 지원자를 선택합니다.

하지만 자율성이 높다고 해서 언제나 일을 능동적으로 하는 건 아닙니다. 어떤 환경에서 누구와 일하는가에 따라 자율성의 폭이 달라집니다. 반대도 마찬가지입니다. 자율성이 낮은 사람인데도 어떤 상황에서는 적극적으로 알아서 일할 때가 있습니다. 그렇게 보면 인간의 자율성은 고정된 값이라기보다는 환경이라는 변수에 따라 일정한 진폭을 왔다 갔다 하는 진자에 가까운 것 같습니다. 진자의 중심점은 개인마다 다르지만 그 진폭 안에서 자율성을 극대화할 수 있는 환경은 존재합니다. 과연 어떤 환경이 인간의 내재된 자율성을 증폭시킬 수 있을까요?

엘렌 랭거의 복사기 실험

구성원의 자율성을 높이는 환경에 관해 이야기하기 전에, 이와 관련된 재미있는 실험을 하나 소개할까 합니다. 하버드 대학의 심리학 교수인 엘렌 랭거가 진행한 '복사기 실험(Copy Machine Study)'인데요 실험 내용은 간단합니다. 복사기 앞에서 줄을 선 사람들에게 양보를 부탁했을 때 얼마나 많은 사람이 수락하는가를 관찰하는 것입니다.

단순히 "제가 복사를 먼저 해도 될까요?"라고 물어본 경우에는 전체 참가자의 60%가 순서를 양보했습니다. 과반수가 넘는 사람들이 단순한 요청에 호의를 베푼 것입니다. 이번에는 같은 요청이지만 간단하게 이유를 붙였습니다. "제가 너무 바빠서 그러는데, 복사기를 먼저 써도 될까요?" 그랬더니 순서를 양보해 준 사람이 94%로 급격하게 늘었습니다. 단순한 이유 한 문장을 덧붙였을 뿐인데 줄 서 있던 사람 대부분이 요청을 수락했습니다.

더 흥미로운 건 그다음입니다. 이번에는 앞의 상황과 동일하게 이유를 말했지만 내용을 바꿨습니다. "제가 복사를 해야 해서 그런데, 복사기를 먼저 써도 될까요?"라고요. 그런데 이런 말도 안 되는 이유를 들은 경우에도 사람들의 양보율은 93%에 달했습니다. 합리적인 이유를 말한 경우와 거의 동일한 수의 사람들이 순서를 양보한 겁니다. 수년 후 진행된 반복 연구에서도 결과는 비슷하게 나왔습니다.

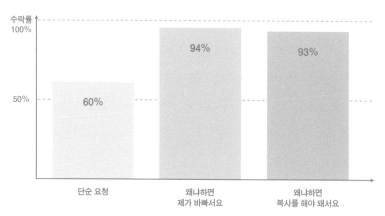

엘렌 랭거의 복사기 실험 결과(Ellen Langer Xerox Experience, 1978)

이 실험을 통해서 얻을 수 있는 통찰은 두 가지입니다.

첫째, 간단하게라도 이유를 설명해 주면 상대방의 행동을 이끌어 내는 데 큰 도움이 됩니다. 같은 업무라도 그 일이 시작된 배경이나 이유를 알게 되면 단순히 업무를 요청받았을 때보다 더 적극적이고 능동적으로 업무를 수행하게 됩니다.

둘째, 이유가 얼마나 합리적인가보다는 이유를 말해줬는지가 행동에 더 큰 영향을 미칩니다. 우리가 누군가에게 업무를 요청할 때 그 이유가 얼마나 논리적인가는 생각보다 훨씬 덜 중요합니다. 그보다 업무를 시작하기 전에 간단하게라도 이유를 공유해 줬는지가 훨씬 중요하며, 이는 시간이 많이 들어가는 일도 아닙니다. 간단한 업무라면 요청하는 말 다음에 '왜냐하면'이 들어간 한 문장만 추가하면 됩니다.

"유선유 대리님, 어제 매출 기록 좀 시간별로 뽑아서 보내 주실 수 있을까요? 왜냐하면 어제 첫 바이럴 광고가 집행됐는데 매출과의 관련성을 직접적으로 확인하고 싶어서요."

"경수 주임, 지난번에 부장님께 제출한 보고서 두 부만 더 출력할 수 있나? 왜냐하면 오늘 오후 회의에 외부 관계자 두 명이 더 참석한다고 들었거든."

요청한 문장 뒤에 간단한 이유 문장 하나만 덧붙여도 상대방의 실행력과 적극성은 달라집니다. 만약 단순한 요청이 아니라 시간과 노력이 많이 필요한 일이라면 10분 정도만 시간을 내서 그 일을 추진하는 배경과 이유를 설명해 보세요. 그 이유가 충분히 합리적이지 않을까 봐 미리 걱정할 필요는 없습니다. 이유를 공유한다는 그 자체가 중요합니다.

저희가 여러 프로젝트에서 경험한 바에 의하면 이유의 합리성을 떠나 팀이 추진할 프로젝트에 대해 팀원들에게 상세히 설명해 줄수록 팀원들의 협조를 얻기가 쉬워집니다. 그뿐만 아니라 협조를 약속한 이후의 실행력도 더 높아집니다. 만약 끝까지 리더의 요청에 협조하지 않는 팀원이 있다면 왜 그렇게 생각하는지 물어보는 것도 좋습니다. 이유를 물어본다는 것은 상대를 존중한다는 의미이고 자신을 존중한 사람의 요청을 끝까지 거절하기는 쉽지 않기 때문입니다.

우리 팀의 자율성을 높이는 두 가지 방법

저희가 참여하는 프로젝트에서는 전 직원을 대상으로 설문 조사를 자주 진행합니다. '업무에 방해가 되는 리더십 요소가 무엇이냐'는 게 단골 질문 중 하나인데요, 모호한 업무 지시는 언제나 상위권을 차지합니다. 분명 업무 지시를 받았는데 정확하게 뭘 하라는 건지 모르겠다거나, 목표가 지나치게 추상적이고 모호해서 선뜻 실행으로 연결되지 않는다는 겁니다. 실제로 일하기가 어려울 만큼 모호했던 업무 지시의 예는 다음과 같습니다.

'이번 분기에는 충성 고객을 늘려 보자.'

'이번에는 바짝 분발해서 고객 만족을 높여 보자.'

'이번 협상에서는 탁월한 기술력으로 좋은 결과를 끌어내 보자.'

정도의 차이는 있지만 하나같이 기준이 모호하고 손에 잡히지 않는 말들입니다. 이런 애매모호한 목표가 내려오면 팀원들은 갑자기 방향 감각을 잃은 조타수처럼 휘청입니다. 초점이 맞지 않는 안경을 쓰고 운전대에 앉았을 때처럼 엑셀러레이터를 밟기가 꺼려지지요. 목적지가 불명확한 상태에서 잘못 출발했다가는 한참을 되돌아와야 한다는 걸 알기 때문입니다.

이렇게 추상적이고 모호한 목표는 직원들의 자율성을 끌어내지도 못합니다. 스스로 움직이려면 가려는 방향이 명확해야 하는데, 업무의 범위가 너무 넓거나 자의적으로 해석할 여지가 많으면 행동을 망설이게 됩니다. '고객의 만족'이나 '좋은 결과'처럼 모호한 개념이 목표에 포함되면 아무리 적극적인 사람이라도 자율성을 발휘하기가 어렵습니다.

이럴 때는 목표를 좀 더 단순하고 구체적으로 바꿀 필요가 있습니다. '이번 분기에는 정기 구매 신청자 수를 올려 보자'라든가 '검색으로 유입된 고객의 첫 구매 만족도를 높여 보자'처럼 모호함이 최소화될수록 좋습니다. '좋은 결과'는 '15% 이상의 마진율'이라는 보다 구체적인 수치로 바꿀 수도 있습니다. 이렇게 목표를 명확하게 바꿔 주면 직원들의 행동력에 날개가 달립니다. 목표가 뚜렷하게 보이면 실행하지 않고 가만히 있는 것이 더 어렵습니다.

마지막 선택권

조직의 자율성을 높이는 또 다른 방법은 구성원들에게 업무와 관련된 선택권을 주는 것입니다. 즉 특정 업무의 최종 결정을 담당자가 직접 내릴 기회를 주는 겁니다. 그 결정이 어려운지 아닌지는 생각보다 중요하지 않습니다. 오히려 마지막 결정이라는 점이 중요합니다. 이렇게 최종 선택권이 주어져야 담당자는 실질적으로 선택권이 있다고 느끼게 되고 이를 실행할 힘, 즉 자율성이 높아집니다.

구성원들의 자율성에 관심 있는 리더들이 흔히 하는 실수 중의 하나는 마지막 단계가 아니라 업무 초반에만 선택권을 주는 것입니다. 프로젝트를 시작할 때는 "이번 일은 김 대리가 자유롭게 진행해 봐"라고 말했는데 막상 최종 선택은 리더가 합니다. 심지어 김 대리가 제안한 내용을 모두 거절하고 전혀 다른 안을 선택하기도 합니다. 이런 상황에서 자기가 선택권이 있었다고 생각하는 직원은 없습니다. 결국 리더가 결정할 거면서 부하 직원들에게 공수표만 날렸다고 생각하고, 이후에는 선택권을 줘도 리더가 직접 결정할 때까지는 선택하지 않습니다.

저희와 함께 일한 회사에도 비슷한 이슈를 가진 리더가 있었습니다. 이분의 가장 큰 고민은 직원의 수동성이었습니다. 직원들에게 내년에 시작할 신규 아이템을 찾아보라고 권한을 줘도 리더인 자신이 뭘 하자고 표현할 때까지 아무것도 하지 않는다는 겁니다. 이런 경험이 오랫동안 반복되자 리더는 직원들이 권한을 갖고 싶어 하지 않는다고 믿게 됐습니다.

저희는 이 팀의 전체적인 업무 프로세스를 관찰했습니다. 그리고 리더가 특히 수동적이라고 지적한 직원들을 인터뷰했는데요, 그 과정에서 일정한 패턴이 발견됐습니다. 일이 시작되면 언제나 리더는 원하는 것을 자유롭게 해 보라고 말하지만, 정작 일이 시작되면 최종 결정은 리더가 한다는 겁니다. 담당자가 가장 해 보고 싶다고 생각했던 아이템이 후순위로 밀리는 건 다반사고, 심지어 담당자가 아닌 직원에게 별도로 아이템을 찾아보라고 지시한 경우도 있다고 합니다.

이런 상황이 반복되다 보니 이제는 '시간을 낭비하기 싫다'는 생각에 자신도 모르게 수동적으로 되고 때로는 '사람을 갖고 논다'는 생각에 불쾌함이 올라온다고 합니다.

직원의 자율성을 높이기 위해 선택권을 줄 때는 작더라도 마지막 단계의 선택권을 주는 것이 좋습니다. 자유롭게 아이템을 선정하라고 말해 놓고 마지막에 가서 모든 제안을 거절하기보다 리더가 판단하기에 가능성이 있는 분야를 우선적으로 제안하고 그 안에서 최종 아이템을 선정하게 하는 겁니다. 그래야 직원들 입장에서 실질적인 선택권이 있다고 느낍니다. 만약 직원의 잘못된 선택으로 인한 리스크가 두렵다면 애초에 리스크가 발생하지 않는 수준으로 선택의 폭을 좁히는 것도 괜찮습니다.

자율성도 근육처럼 점점 단련되는 것이라 처음에는 두 가지 옵션 중 하나, 그다음에는 서너 개 중 하나, 그다음에는 수십 가지 중 하나를 선택하는 식으로 점차 강화하는 것이 좋습니다. 그동안은 지시만 하던 상사가 어느 날 갑자기 "이번 프로젝트는 최 대리가 한번 처음부터 끝까지 진행해 봐"라고 한다면 자율성이 발휘되기 전에 불안감부터 생길 수 있기 때문입니다. 선택의 옵션을 늘리는 대신 의사 결정의 레벨을 점점 높여 주는 것도 효과적인 방법입니다.

자율성의 시작은 제약을 없애는 것

조직의 자율성을 높이자고 하면 기업 문화 담당자들은 새로운 제도나 이벤트를 제안합니다. 자유로운 아이디어를 실현할 수 있는 사내 해커톤을 열기도 하고, 매월 10만 원을 원하는 업무에 쓸 수 있도록 지원하기도 합니다.

그러나 진정한 자율성은 기존의 제약을 없애는 것에서 시작됩니다. 비용을 쓸 때마다 제출하는 품의서를 간소화하거나 한 번에 쓸 수 있는 휴가 일수의 제약을 없애면 큰 노력을 들이지 않고도 구성원들의 자율성을 높일 수 있습니다. 자율은 제약을 풀어 줬을 때 스스로 책임과 규율을 지키려는 것이지 단지 옵션을 많이 갖는 것이 아니기 때문입니다.

신뢰는 마음가짐이 아니라 경험의 결과다

'리더가 조직의 신뢰 수준을 높이는 데 기여할 수 있을까?'

이 질문에 대한 저의 답변은 '예스'입니다.

리모트워크가 일반화되면서 직원들 사이의 신뢰를 강조하는 캠페인이 늘었습니다. 신뢰를 회사의 중요한 자원으로 보기 시작한 건 반가운 일이지만, 한편으로는 신뢰를 쌓는다는 것이 과연 마음가짐만으로 가능한 일인가 하는 생각도 듭니다. 신뢰란 한 개인의 태도이기 이전에 반복적인 경험이 누적된 결과이기 때문입니다.

저희가 한 회사의 스마트 오피스를 구축하고 있을 때였습니다. 이 회사의 스마트 오피스 콘셉트는 경계 없는 협업과 커뮤니케이션이라서 일반적인 업무 공간 말고도 여러 부서의 직원들이 자주 마주칠 수 있는 공간이 필요했지요. 그래서 사옥 최상층에 꽤 큰 규모의 통합 라운지를 기획하게 됐습니다. 만남이 있는 곳이라면 빠질 수 없는 것이 맛있는 음료입니다. 그래서 저희는 라운지 한편에 대형 냉장고를 설치해 무료 음료를 넉넉하게 채워 두기로 했습니다. 그런데 라운지를 관리하는 담당자들이 걱정을 하기 시작했습니다.

"직원들이 음료를 집으로 가져가면 어떻게 하죠?"
"냉장고 앞에 CCTV를 달고 '한 번에 하나씩'이라고 문구를 붙이면 어떨까요?"
"팀별로 하루에 마실 수 있는 개수를 미리 할당하면 좋을 것 같아요."

실제로 미팅 중반부에는 어떤 기준으로 음료 개수를 할당하는 것이 공정한지에 대해 이야기할 정도였습니다. 위에 소개한 것 외에도 다양한 우려가 있었지만, 막연한 걱정을 근거로 규칙을 만들지는 않기로 하고 드디어 통합 라운지를 오픈했습니다. 과연 어떻게 됐을까요?

냉장고 안의 음료는 날개가 달린 것처럼 사라졌습니다. 음료를 매일 주문할 수가 없어서 보통 3~4일 분량을 미리 구입했는데 오후 4시 정도가 되면 구입한 음료가 동나곤 했습니다. 어떤 사람들은 비닐봉지에 음료를 담아 가서 팀 공용 책상에 쌓아 두기도 했고 어떤 사람들은 퇴근길에 몇 개씩 집어서 가져가기도 했습니다. 그렇게 몇 개월간 저희는 계속해서 라운지의 음료 이용 현황을 확인했는데요, 그렇다면 3개월 후는 어땠을까요? 여전히 직원들은 팀 책상에 음료를 챙겨 두고 집으로 집어갔을까요?

그렇지 않았습니다. 정확히 언제부터인지는 카운팅하지 않았지만 대략 3개월이 됐을 무렵에는 음료를 남용하는 직원들을 거의 찾아볼 수 없었습니다. 아주 드물게 음료수를 두세 개씩 가져가서 자기 책상에 가져다 놓는 사람은 있었지만, 이런 경우는 작정하고 관찰해야 발견할 수 있을 만큼 소수였습니다. 처음에 걱정했던 것처럼 감시 카메라를 달거나 팀별로 개수를 할당할 필요도 없었습니다. 직원들 간의 동료 압박(Peer Pressure)이 음료의 남용을 효과적으로 방지하고 있었기 때문입니다.

처음에는 하루가 멀다하고 음료가 없어졌는데 어떻게 이렇게 바뀔 수 있는 걸까요? 처음 라운지를 오픈했을 때 음료를 챙겨 두던 사람들은 왜 더 이상 같은 행동을 하지 않게 됐을까요?

반복된 경험이 신뢰를 만든다

신뢰란 일시적인 캠페인을 통한 태도의 문제라기보다 신뢰할 수 있는 환경을 경험한 이들의 행동 양식에 가깝습니다. 다음을 예측할 수 있는 상황을 반복적으로 접하면서 특정 시점을 지나면 '아, 이제 이건 믿을 만

하구나'라는 확신이 들기 시작하는 겁니다.

처음으로 라운지 냉장고에 무료 음료가 가득 채워졌을 때 사람들은 그것이 일시적인 상황인지 아닌지를 판단할 수 없었습니다. '며칠만 이렇게 무료로 채워지다 말 거야', '다른 부서에서 다 가져갈지도 몰라' 같은 불안감이 직원들의 마음속을 채웠습니다. 그래서 음료가 충분할 때 미리 챙겨 두는 것이 현명하다고 생각했을 수도 있습니다. 라운지가 생기기 전에는 직원들에게 자유롭게 음료를 제공한 적이 없었기 때문에 더욱 그랬습니다.

하지만 몇 개월 동안 변함없이 무료 음료가 냉장고에 채워지자 직원들의 생각이 바뀌었습니다. '이러다 말 거야'라는 생각이 '라운지에는 언제나 음료수가 있어'로 바뀐 겁니다. 이제 직원들은 미리 음료수를 챙겨 둘 필요를 못 느낍니다. 음료수가 마시고 싶으면 라운지의 냉장고 문을 열기만 하면 되니까요.

만약 저희가 초반에 감시 카메라를 달고 부서별로 개수를 할당했다면 어떻게 됐을까요? 이를 진행하기 위해 들어간 카메라 구매 비용과 인건비는 직원들이 남용한 음료수 비용보다 훨씬 높았을 겁니다. 회사의 감시와 그 감시를 피하려는 편법의 대결 구도로 조직 전반의 리소스를 낭비했을 게 분명합니다. 무엇보다 신뢰라는 조직 문화를 싹틔울 기회를 잃게 된 것이 가장 큰 손실이었을 겁니다.

조직 전체가 서로를 신뢰하는 문화를 만드는 것은 매우 중요한 일입니다. 하지만 이를 몇 개월에 걸친 캠페인으로 만들 수 있다는 생각은 현실과는 거리가 멉니다. 신뢰는 반복적인 경험 위에서 만들어지고 그러기 위해서는 필연적으로 시간이 필요하기 때문입니다. 일상 업무에서 신뢰를 경험하지 못한 채 사내 포스터를 통해 '신뢰'라는 글자를 보게 되면 신뢰 자체에 대한 신뢰가 떨어집니다. 이렇게 되면 캠페인을 진행하는 부서에서는 아까운 시간과 예산이 낭비되고 직원들은 캠페인에 내성이 생겨서 진심으로 조직의 신뢰를 고민할 기회를 잃게 됩니다. 보통 이런 캠페인은 실질적인 성과나 변화를 만들지 못하고 진행 부서 내부의 주관적인 평가나 자체 설문 조사로 마무리가 됩니다.

스마트 오피스나 리모트워크같이 새로운 업무 방식을 도입하는 시점이 되면 언제나 조직의 신뢰 이슈가 수면 위로 떠오릅니다. 스마트워크 방법론은 기본적으로 조직 구성원 간의 신뢰를 기반으로 하기 때문입니다. 규모가 아무리 크고 업력이 오래돼도, 신뢰라는 이슈를 정면으로 다뤄 본 적이 없는 조직은 업무 방식의 변화를 시도할 때마다 신뢰에 발목이 잡혀서 앞으로 나가질 못합니다.

그렇다면 구성원들이 어떤 경험을 해야 조직의 신뢰가 만들어질 수 있을까요?

우선 합의를 통해 만들어진 원칙이 계속해서 지켜지는 것을 목격해야 합니다. 특히 리더들이 그 원칙을 잘 지킬 때 신뢰가 형성되는 속도가 빨라집니다. 둘째, 평소에 업무 과정을 자주 공유하고 그 결과에 대해서도 함께 논의하는 것도 신뢰 형성에 도움이 됩니다. 우리 팀이 어떤 결과물을 만들어야 하고 현재 어떤 과정에 있는지를 팀원들이 수시로 공유하는 겁니다. 셋째, 신뢰는 피드백을 통해서도 만들어질 수 있습니다. 평가가 아닌 전문성과 구체성이 있는 피드백은 담당자에게 양질의 정보가 될 뿐 아니라 구성원들에게는 함께 일하고 있다는 느낌을 줍니다.

이 세 가지 방법에는 공통점이 있습니다. 구성원들이 같은 목적을 향해 함께 일하고 있음을 상기시킨다는 점, 그리고 조직 차원의 변화 없이도 중간 관리자 수준에서 얼마든지 시작이 가능하다는 점입니다. 조직의 구성원들이 이 같은 경험을 지속적으로 경험하면 서서히 조직에는 신뢰라는 토양이 만들어집니다.

다음 장에서는 조직의 신뢰를 구축하는 이 세 가지 방법에 대해서 좀 더 구체적으로 알아보겠습니다.

리더가
조직의 신뢰를 높이는
세 가지 방법

　여러분은 신호등이 있는 건널목에서 언제 길을 건너나요? 아마 대부분은 보행자 신호가 파란불로 변할 때 건넌다고 대답하실 텐데요, 행여나 달려오던 차가 내 앞에서 멈추지 않을까 걱정이 되지는 않나요? 주행 신호가 빨간불이 되면 차가 정지할 거라고 어떻게 확신할 수가 있나요? 만약 차가 속도를 줄이지 않고 나를 받아 버리면 어떻게 하지요? 보행 신호가 파란불로 변했는데 프로그램 오류로 주행 신호가 빨간불로 변하지 않으면요?

　상상할 수 있는 스토리는 수십 가지지만, 아주 특수한 상황을 제외하면 그런 경우는 없습니다. 우리는 오랜 경험을 통해서 보행자 신호가 파란불이 되면 차가 선다는 걸 알고 있으며, 그래서 파란 불이 들어오면 걱정 없이 횡단보도를 건넙니다. 신호등 시스템에 신뢰를 하고 있기 때문입니다. 조직 내부의 신뢰를 높이는 가장 기본적인 원리가 바로 이 이야기에 녹아 있습니다.

합의된 원칙

신뢰가 만들어지려면 구성원들이 합의해서 만든 원칙이 필요합니다. 그리고 그 원칙이 계속해서 작동하는 걸 경험해야 합니다. 논리나 이해를 통해서가 아니라 경험을 통해 체감해야 합니다.

'합의된 원칙과 예외 없는 적용이 신뢰를 구축한다'는 단순한 문장에서 가장 중요한 단어는 '합의'입니다. 원칙이 만들어지는 과정에 구성원들이 직간접적으로 참여함으로써 그 과정을 인지하고 있는 것이 핵심입니다. 하지만 대부분은 원칙만 있을 뿐 합의된 원칙이 없습니다. 구성원들이 합의해서 만든 원칙이 아니라 특정 부서나 특정 소수가 결정한 원칙만 있습니다.

'원칙을 합의해서 만들었다'는 것은 관련된 사람들의 니즈와 목소리가 다 반영됐다는 의미가 아닙니다. 적어도 원칙이 확정되기 전에 관련된 사람들의 의견을 물어보고 고려하는 과정이 존재했다는 의미에 가깝습니다.

스마트 오피스 프로젝트를 하다 보면 기존과는 비교가 안 될 좋은 사무실을 만들어도 직원들이 시큰둥한 경우가 있습니다. 회의실이 불편하대서 최첨단 설비의 스마트 회의실을 만들었는데도 반응이 없고, 의자가 불편하대서 허리를 잡아 주는 고급 의자로 교체해도 좋은 피드백이 없습니다. 오히려 설비가 어렵다는 둥, 의자의 종류가 왜 하나뿐이냐는 둥 불평이 들려오기도 합니다.

이런 상황을 겪으면 스마트 오피스 담당자는 '직원들은 스마트 오피스를 원하지 않는다'고 잘못된 결론을 내리기도 합니다. 하지만 직원들의 반응이 시큰둥한 진짜 이유는 당사자와 의논하지 않고 업무 공간을 바꿔 버렸기 때문입니다. 스마트 오피스를 실제로 이용하는 직원들의 의견을 듣고 수렴하는 '합의' 과정이 생략됐기 때문에 결과가 만족스럽지 않은 것입니다.

이런 부작용을 예방하기 위해서, 저희는 스마트 오피스 프로젝트에 들어가는 순간부터 전 과정을 구성원들과 공유합니다. 일반 사람들이 이해할 수 있는 수준의 1차 공간 디자인이 나오면 실제로 이 공간을 이용할 직원들을 대상으로 공청회를 열기도 합니다. 공청회에서는 수많은 의견과 제안들이 오가지만 저희가 실제 반영하는 것은 10% 안팎입니다. 스마트 오피스 공청회의 핵심은 반영이 아니라 공유 그 자체라는 것을 오래전에 알았기 때문입니다.

원칙의 준수

합의를 통해 원칙을 만들어도, 원칙이 적용되지 않는 상황을 반복적으로 경험하면 신뢰는 만들어지기 어렵습니다. 특히 그 원칙의 예외가 리더일 경우 직원들은 그 원칙 자체를 신뢰하지 않게 됩니다. 공식 문서나 홍보물 등을 통해서 아무리 원칙을 강조해도 실제로는 작동하지 않는 원칙이라는 걸 눈치챕니다.

흔한 예가 회의 문화입니다. 회의 문화 컨설팅에 들어가면 가장 먼저 하는 일이 현재의 문제점을 확인하는 것입니다. 현재 회의 문화를 파악하기 위해 중간급 리더들을 인터뷰하고 필요하면 설문도 진행하는데요, 기업마다 정도 차이는 있지만 답변은 비슷합니다.

'회의의 목적이 명확하지 않다.'
'준비되지 않은 채 진행된다.'
'회의 시간이 불필요하게 길다.'
'정시에 시작하지 않는다.'
'일부 소수가 발언을 독점한다.'

이런 비효율적인 회의 문화를 바꾸기 위해서 전 직원을 대상으로 워크숍도 하고, 비효율이 발생하는 지점을 찾기 위해 포스트모템(Post-morterm)을 진행하기도 합니다. 이런 합의 과정을 통해서 새로운 회의 원칙이 만들어지면 HR 혹은 기업문화팀에서는 이 원칙을 사내 곳곳에 알립니다. '회의 문화 10대 원칙' 같은 제목의 포스터를 회의실마다 붙이기도 하고 재미있는 영상으로 만들어서 사내 메신저에 뿌리기도 합니다. 이렇게 하면 한동안은 회의 준비도 촘촘해지고 회의에 늦는 사람들도 줄어듭니다.

그런데 이런 변화는 오래가지 못합니다. 직원들의 마음이 흐트러져서가 아닙니다. 함께 지키기로 한 회의 원칙이 아무렇지 않게 깨지는 상황을 목격하기 때문입니다. 실제로 회의 원칙이 제대로 이행되는지 모니터링해 보면, 내부 회의에 가장 빈번하게 늦거나 준비 없이 참석하는 사람이 리더일 경우가 적지 않습니다. 소수가 발언을 독점하지 못하도록 1분 룰을 만들었지만, 정작 리더는 모래시계가 다 돼도 발언을 이어 갑니다. 어느 누구도 모래시계를 다시 뒤집으며 그만하라고 말하지 못합니다.

이렇게 리더가 스스로 원칙의 예외가 돼 버리면 구성원들은 직관적으로 이 원칙이 힘이 없음을 알게 됩니다. 이런 토양에서는 최고 경영자나 HR팀이 아무리 신뢰의 씨를 뿌리고 물을 줘도 뿌리 내리기가 어렵습니다.

업무 과정의 공유

신뢰는 공식적인 약속이나 규칙에 한정된 이슈는 아닙니다. 신뢰는 우리의 일상 업무와도 관련이 있습니다. 코로나19 때문에 갑자기 재택 근무를 하게 된 기업의 팀장들을 대상으로 가장 걱정되는 점이 무엇이냐고 물어보면 '팀원들이 집에서 일을 정말로 하고 있는지 모르겠다'는 말이 빠지지 않습니다. 특정 직원에 대한 우려라면 이해가 될 법도 하지만 보통은 불특정 다수에 관한 걱정입니다.

왜 이런 걱정을 하는 걸까요? 평소에 서로가 어떻게 일하고 있는지 몰랐을 뿐 아니라 업무와 관련된 주요 사항이나 결과도 공유하지 않았기 때문입니다.

팀원들이 서로 언제 어디에서 일하는지 궁금해하는 팀일수록 평소에 자율적인 업무 협의나 중간 확인이 없는 경우가 많습니다. 상사가 보고서나 발표를 준비하라고 지시하면 시간에 맞춰 진행은 잘되지만, 그 사이에 자율적인 업무 확인이나 공유는 거의 이뤄지지 않습니다. 리더를 포함해 구성원들은 각자 자기 일에만 매몰돼 있습니다. 일이 어떻게 진행될지 예상이 안 되니까 각자의 위치에서 어떻게든 환경을 콘트롤하려고 합니다. 리더는 자신의 직위로, 팀원들은 큰 문제가 안 될 수준의 수동성으로 말이지요.

조직 구성원들이 각자의 업무 상황을 상시로 공유하는 것은 신뢰라는 벽돌집을 만드는 데 시멘트를 사용하는 것과 같습니다. 언뜻 보기에는 벽돌을 그냥 쌓아 두기만 해도 집이 완성된 것 같지만, 벽돌을 시멘트로 단단히 고정하지 않으면 언제 무너져서 사고가 날지 모릅니다. 정기적으로 진행되는 회의나 보고는 꼭 필요한 과정이지만 구성원들 간에 상시로 업무가 공유되지 않으면 그 팀은 걱정과 불신으로 적지 않은 리소스를 낭비하기 쉽습니다.

특히 리더가 어떤 의사 결정을 내릴 때는 절대 중간 과정을 생략하고 결과만 공유해서는 안 됩니다. 리더 입장에서는 구성원들의 시간 낭비를 줄이고 업무 효율을 높이려는 의도가 있었을지 모르지만, 갑작스러운 의사 결정을 받아들여야 하는 입장에서는 뒤통수를 맞은 느낌이 들 수 있기 때문입니다. 저희가 실제로 경험한 사례를 소개하겠습니다.

M사는 스마트워크의 도입을 위해 사내에 테스크포스를 만들었습니다. 일하는 방식의 변화를 갈망하는 7명의 직원과 한 명의 중간 관리자로 구성된 열정 넘치는 팀이었습니다. 당시에는 조직 전반적으로 스마트워크에 대한 이해도가 낮았기 때문에 특별한 미션을 부여받은 이 팀은 미니 콘퍼런스 형식의 직원 교육을 준비하고 있었습니다. 그런데 행사 당일, 스마트워크 팀이 섭외하지 않은 연사 한 명이 무대에 올라갔습니다. 임원 한 분이 사전 논의 없이 연사 교체를 지시한 겁니다. 스마트워크 팀의 리더도 행사 당일 아침에 이 소식을 통보받아서 손쓸 겨를이 없었습니다.

결국 콘퍼런스는 별문제 없이 끝났고 참여한 직원들의 만족도도 높았습니다. 그러나 이 교육을 준비했던 스마트워크 팀의 만족도는 정반대였습니다. 행사 주체조차 몰랐던 일방적인 의사 결정은 당황스러움을 넘어 일에 대한 회의감까지 느끼게 했고, 이후에도 비슷한 상황이 몇 번 반복되면서 스마트워크 팀의 활동은 점차 수동적으로 됐습니다. 회사의 역사를 쓰겠다던 스마트워크 팀의 리더는 다른 업무를 핑계로 활동을 중단했고, 스마트워크에 열정적이던 멤버들도 열정을 잃었습니다.

의사 결정을 절대 번복하거나 변경하지 말라는 뜻이 아닙니다. 어제와 오늘이 다른 요즘 같은 비즈니스 환경에서는 봄 날씨보다도 더 변덕스러운 것이 의사 결정입니다. 하지만 그 과정을 구성원들과 상시로 공유하는 것과 그렇지 않은 것은 하늘과 땅 차이입니다. 시멘트로 벽돌을 붙여서 만든 집과 벽돌만 쌓아서 만든 집이 다른 것처럼 말입니다.

좋은 피드백의 조건 3S

서로가 같은 목적을 향해 달려가고 있다는 감정이 믿음의 또 다른 모습이라면, 그런 감정을 돈독하게 할 수 있는 쉬운 방법이 있습니다. 바로 피드백을 자주 주고받는 겁니다. 여기에서의 핵심은 칭찬이나 지적과 같은 평가가 아니라, 평가가 들어가지 않은 피드백을 주고받는다는 사실입니다. 팀원들이 한 일에 대해서 객관적인 판단을 내리는 것이 아니라 주관적인 입장에서의 리더의 의견을 가볍게 공유해 주는 겁니다.

그 의견을 받아들일지 말지, 혹 받아들인다면 어떤 부분을 받아들일지는 그 일을 진행하는 담당자가 결정하게 놔두면 됩니다. 피드백에 강제성이 들어가면 지시가 되는데 '조직의 신뢰는 피드백이란 양분을 먹고 자라서 지시라는 해충에 썩는다'는 말이 있을 만큼 피드백과 지시는 그 본질이 다릅니다.

그렇다면 조직의 신뢰를 키우는 좋은 피드백은 무엇일까요? 피드백의 질을 결정하는 것은 속도(Speedy), 구체성(Specific), 전문성(Specialized)입니다.

우선 피드백은 빠르고 즉각적이어야 합니다. 특정한 사건이 일어났을 때 빠르고 가볍게 전하는 피드백이 시간이 한참 지난 후에 전하는 무거운 피드백보다 훨씬 유용합니다. 예전에는 피드백을 빠르게 주고 싶어도 같은 사무실에 있지 않으면 불가능했는데, 지금은 온라인 협업 툴 덕분에 피드백을 주고받기가 쉬워졌습니다. 앞으로는 리더가 온라인 협업 툴을 얼마나 잘 쓰는지가 팀의 피드백 속도를 결정하고, 이것이 조직의 전체 성과와 연결된다고 해도 과언이 아닙니다.

피드백의 질을 결정하는 두 번째 요소는 구체성입니다. 각자가 처한 입장과 이해가 다르기 때문에 자기 입장에서 보이는 것을 상대방에게 쉽고 구체적으로 공유할수록 좋은 피드백이 됩니다. 특정 분야에서만 쓰는 축약어로 가득한 피드백이나 다른 분야에서는 이해하기 힘든 모호하고 추상적인 피드백은 상대방에게 좋은 정보가 되지 못합니다. 또 같은 분야라고 하더라도 자신보다 업에 대한 이해가 낮은 부하 직원에게 피드백을 줄 때는 블록체인의 개념을 부모님에게 설명한다는 생각으로 쉬운 용어, 익숙한 비유, 구체적인 사례 등을 활용해서 피드백을 주는 것이 좋습니다.

좋은 피드백의 마지막 요소는 전문성입니다. 피드백하는 사람의 전문성을 과시하라는 뜻이 아닙니다. 들으나 마나 한 이야기가 아니라 피드백을 주는 사람의 전문적인 시각이 담긴 이야기를 하라는 의미입니다. 간혹 피드백을 달라고 하면 "장단점이 있는 것 같아요", "전체적인 균형이 중요할 것 같아", "최대한 빠르게 진행해야 여유가 있을 텐데"처럼 어느 상황에나 적용되는 말을 하는 사람들이 있습니다. 이런 피드백은 듣는 사람에게 어떤 정보도 되지 않을뿐더러 심한 경우 문제의 본질을 흐리기도 합니다. 좋은 피드백은 말하는 사람의 전문적인 시각이 반영돼 있어서 듣는 사람에게 고급 정보로 여겨지며 결과물의 퀄리티를 높이는 데도 실질적으로 기여합니다.

강조하지만 피드백은 칭찬이나 지적과 같은 평가와 헷갈리면 안 됩니다. 칭찬이나 지적은 구성원들이 한 일에 대해서 판단을 내리는 것이고, 피드백은 판단을 배제한 상태에서 상대방이 발견하기 어려운 정보를 주는 것이기 때문입니다. 칭찬이나 비판의 의도 없이 그저 내 입장에서 드는 생각을 담백하게 공유하면 그것이 곧 좋은 피드백입니다. 이런 피드백이 수시로 오고 가면 구성원들은 고군분투하는 것이 아니라 함께 일한다고 느끼고 그 느낌이 경험으로 축적됐을 때 신뢰라는 이름의 꽃이 피게 됩니다.

좋은 리더십은 책이 아니라 시장이 말해 준다

요즘 스마트워크에서는 유독 리더십이 화두입니다. 코로나19 때문에 업무 방식이 급격하게 온라인으로 전환되면서 어떻게 보이지 않는 팀원들을 리드해야 하는지에 대한 새로운 이슈가 생겼기 때문입니다.

사실 많은 조직은 시대의 변화에 안일했습니다. 올해로 스마트폰과 인터넷이 보급된 지 20년, 우리의 일상은 이미 온라인으로 무게 중심을 옮겼지만, 기업만은 그 변화에 게을렀지요. 코로나19가 심각해지기 전까지만 해도 조직의 성과관리와 동기 부여는 대부분 대면 중심이었고, 그래서 코로나 이후 리모트워크 체제에서는 제대로 작동하지 못하는 경우가 다반사였습니다.

상황이 이렇게 됐는데도 게으른 리더들은 '그래도 일을 만나서 해야지'라며 디지털 시대 이전의 업무 방식을 버리지 않았습니다. 타자기로 일하던 시대에 만들어진 조직 관리 방법론으로 디지털 네이티브를 관리하려 합니다. 안타까운 현실이지만, 지금도 조직에는 이런 리더가 많습니다.

조금 더 부지런한 리더들은 그래도 배워야겠다는 생각에 책도 읽고 강연도 자주 들으러 다닙니다. 페이스북이나 인스타그램을 보면 '리더십과 관련해 내가 이렇게 많은 책을 읽었다'며 지식을 자랑하는 사람들도 많습니다. 물론 책과 강연에 들어 있는 지식을 흡수하는 것은 훌륭합니다. 하지만 경험이 빠진 지식은 메인이 빠진 코스 요리처럼 껍데기가 되기 십상입니다. 리더십은 프로그래밍이나 포토샵처럼 나만 잘하면 성과가 나는 것이 아니라 상대의 반응이 중요한 분야이기 때문입니다. 게다가 '상대'라는 변수가 커서 어떤 경우든 최적화가 필요합니다.

리더십이라는 실용 역량

리더십에 관련된 책만 열심히 읽고 정작 자신과 함께 일하는 팀원들의 변수를 고려하지 않는 리더는 결코 의미 있는 결과를 만들 수 없습니다. 제 메시지를 강조하기 위해 조금 과장해서 말하면, 제가 아는 가장 발전이 없는 리더는 일주일에 리더십 관련 책을 몇 권씩 읽지만 정작 팀원들의 업무 스타일에는 관심도 없고, 팀원들과 '왜'가 포함된 대화는 한 번도 하지 않는 사람이었습니다.

세계적인 요리의 레시피를 줄줄 꿰지만 정작 직접 만든 요리는 맛이 없는 셰프처럼, 이들은 리더십에 대해 엄청난 지식과 이론으로 무장하고 있지만 정작 그와 일하는 팀원들은 고개를 절레절레 흔듭니다. 이런 리더가 이끄는 팀은 결과도 미비하고 팀원들의 만족도도 낮습니다. 리더십은 지식이라기보다는 실용 역량에 가까워서, 그 지식이 현장에서 작동하지 않으면 별 의미가 없습니다. 평생 카메라 앞에서 리더십 강연만 할 게 아니라면 말입니다.

물론 경험으로만 세상을 이해하는 극단적인 경험주의는 분명히 경계해야 합니다. 제가 심리학을 공부하면서 알게 된 것 중 하나는 인간의 인지와 경험은 너무나 쉽게 왜곡되고 일반화될 수 있다는 사실입니다. 그렇기 때문에 자신의 일회성 경험으로 세상을 해석하면 스스로는 통찰을 얻었다고 착각할지 몰라도 객관적인 신뢰도와 예측성의 측면에서 보면 별반 가치가 없는 정보일 가능성이 큽니다. 최소한의 신뢰도를 갖춘 해석은 반복되는 나의 경험과 그보다 더 많은 타인의 경험이 함께 고려됐을 때 비로소 가능합니다. 이런 의미에서 보면 책이나 강연 등을 통한 타인의 경험과 지식을 접하는 것은 정말 중요합니다.

그러나 리더십 같은 실용 역량에서 타인의 지식만 있고 경험이 부족하다는 건 치명적일 수 있습니다. 리더십에 대한 지식은 경험을 통해서 재해석돼야만 영양가 있는 비료가 되어 팀원들을 성장시킬 수 있기 때문입니다. 경험을 통해 재해석되지 않은 책 속의 지식은 비료가 아니라 독약이 되어 팀원들을 시들게 할 수도 있습니다.

스마트워크 시대에 걸맞은 리더가 되길 원하시나요? 그렇다면 지금 여러분이 알고 있는 리더십 원리 중 하나라도 여러분이 이끄는 팀에 실제로 적용을 해 보고 팀원이라는 변수에 맞춰서 최적화를 시도해 보시길 권합니다. 리더십의 답은 책이 아니라 당신이 이끄는 팀과 시장에서의 결과가 알려 줄 겁니다.

6 업무 역량

혼자 열심히 할 것인가,
함께 잘할 것인가

| 협업력

여러분은 협력과 협업의 차이가 무엇인지 알고 있나요? 협력은 영어로 번역하면 코퍼레이션(Cooperation)으로 하나의 일을 물리적으로 나눠서 함께 하는 것을 의미합니다. 100장의 문서를 네 명이 25페이지씩 나눠서 출력하거나, 4,000미터 계주를 네 명이 1,000미터씩 나눠서 뛰는 것처럼 여러 명이 하나의 일을 물리적으로 함께 하고 이를 통해 전체적인 업무 시간을 단축시킨다면 이는 협력에 가깝습니다.

반면 컬래버레이션(Collaboration)으로 번역되는 '협업'은 협력보다는 더 화학적으로 결합된 상태를 의미합니다. 밀가루 브랜드가 패션 기업과 함께 만든 '곰표 티셔츠'라든지, 문화체육관광부가 얼터너티브 팝 밴드와 함께 만들어 대박이 난 홍보 영상 〈Feel The Rhythm of Korea〉처럼 다른 주체들이 만나서 단순한 플러스 이상의 성과를 만들어 냈다면 이는 협업이라고 볼 수 있습니다. 즉 협업력은 공동의 목표를 위해 다양한 사람들과 단시간에 화학적으로 결합하는 능력입니다.

좀 더 직접적인 예를 들어 보겠습니다. 여러분이 읽고 있는 이 책을 만들 때, 제가 완성된 원고를 편집자에게 넘기고 이후 편집자, 디자이너, 마케터가 각자의 단계에서 필요한 업무만 진행했다면 이는 물리적인 협력이라고 할 수 있습니다. 하지만 제가 원고를 쓰는 동안 편집자가 주요 타깃의 관심사를 알려 주고, 마케팅팀은 경제 경영 서적 분야의 트렌드를 리서치하고, 디자이너는 임팩트 있는 표지를 만들기 위해 편집자와 상시로 미팅했다면 이는 화학적인 결합이 이뤄진 협업이 됩니다. 참고로 지금 여러분이 읽고 읽는 이 책은 바로 그 협업의 산물입니다.

스마트워크 시대에는 이처럼 단순한 협력을 넘어 복잡한 협업 구조에 빠르게 적응하는 능력이 중요합니다. 전혀 다른 배경과 전문성을 가진 사람들과도 단시간에 화학적으로 결합해서 공동의 목표를 달성할 수 있는 이런 능력을 '협업력'이라고 부릅니다.

협업력을 높이는 업무의 기술

흔히 협업은 태도의 문제라고 생각합니다. 동료들에게 친절하고 오픈 마인드를 가지면 협업력도 높을 거라고 생각합니다. 물론 인간에 대한 호의와 낯선 상황에 대한 오픈 마인드가 협업의 전제는 맞습니다. 그러나 이런 태도만으로는 실질적인 성과를 만들 수 없습니다. 높은 수준의 협업을 위해서는 이해 관계자의 입장에서 문제를 바라보는 능력, 관계된 이들을 윈윈으로 만들 공동의 목표를 찾아내는 능력, 그리고 자신의 강점과 단점을 객관적으로 바라볼 수 있는 메타인지가 필요합니다.

그래서 협업은 태도 이전에 연습과 경험의 문제이며, 협업력을 높일 수 있는 실질적인 방법도 존재합니다. 처음부터 끝까지 혼자 시작해서 혼자 끝내는 일이 아니라면 함께 일하는 사람들이 '나중에도 같이 일하고 싶다'거나 '같이하니까 다르다'는 말을 하게 만드는 몇 가지 업무 스킬을 공유합니다.

그라운드시트(Ground Sheet)

협업력을 높이는 업무 스킬 첫 번째는 '그라운드시트'입니다. 여러 사람이 함께 일하면서 지켜야 할 규칙을 의미하는 '그라운드 룰(Ground Rule)'이란 단어에서 나온 그라운드시트는 프로젝트에 대한 기본 정보와 모두가 알아야 할 업무 조건이 담긴 두세 장의 짧은 가이드 문서입니다. 30분이면 작성할 수 있는 이 짧은 문서는 어떻게 협업력을 높이는 데 도움이 될까요?

믿기 어렵겠지만 중견 기업과 대기업처럼 규모가 있는 조직에서도 프로젝트 멤버들이 참여 중인 프로젝트에 대한 큰 그림 없이 일하고 있는 경우가 많습니다. 그렇다 보니 목표 달성과 상관없는 일에 시간을 낭비하기도 하고 외부 미팅에서는 간단한 의사 결정조차 스스로 하지 못합니다. 심지어 같은 프로젝트 안에서도 특정 업무의 담당자를 몰라서 그 사람을 찾는 데만 반나절이 걸린 적도 있었습니다.

실제로 저희가 참여한 프로젝트의 멤버들에게 특정 업무를 왜 하느냐고 물어보면, 그 업무가 프로젝트의 목적과 어떻게 연결돼 있다고 말하는 사람들은 소수입니다. 대부분은 직속 상사가 시켜서 하는 거라고 답합니다. 비유하자면 등 떠밀려 출발은 했지만 어디를, 언제까지, 어떻게 가야 하는지도 모른 채 걷고 있었던 겁니다. 이런 상황에서는 날카로운 액션 플랜을 세우기도, 주도적으로 일을 하기도 어렵습니다.

그래서 프로젝트와 관련해 믿을 수 있는 가이드가 필요합니다. 우리가 어디를, 언제까지, 어떻게 가야 하는지를 알려 줄 나침반이 있어야 하죠. 그라운드시트는 업무에서 그런 나침반의 역할을 합니다

그라운드시트에는 프로젝트의 공식 명칭, 진행 기간, 멤버별 역할 같은 기본 정보는 물론이고 프로젝트의 목표, 구체적인 결과물, 가용한 자원, 주요 일정 등이 간결하게 정리돼 있습니다. 프로젝트에 대해 전혀 모르는 사람이라도 그라운드시트를 보면 이 프로젝트가 무엇을 위한 것이고, 언제 주요한 결과물이 나올지 명확하게 알 수 있습니다.

그라운드시트가 잘 정리돼 있으면 프로젝트 중간에 새로운 멤버가 들어와도 부담이 적습니다. 한두 시간이면 프로젝트의 과거와 현재를 파

악할 수 있기 때문입니다. 일시적으로 다른 팀과 협업할 때도 그라운드시트가 있으면 상대 팀이 우리 프로젝트의 상황을 한눈에 파악할 수 있어서 유용합니다.

프로젝트가 진행되는 동안 그라운드시트는 지속적으로 수정됩니다. 중간에 멤버가 바뀌기도 하고, 상황에 따라 주요 일정이 변경되기도 하고, 중간 산출물의 형태가 달라지는 경우도 생깁니다. 이러한 변경은 극히 자연스러운 것으로 몇 번의 수정이 가해져도 상관이 없습니다. 중요한 것은 그런 변경 사항이 실시간으로 그라운드시트에 반영돼야 한다는 사실입니다. 이 문서는 협업하는 모든 멤버들의 의사 결정과 액션 플랜의 근간이 되는 그라운드시트이기 때문입니다.

그래서 그라운드시트의 관리자는 한두 사람으로 한정되지 않습니다. 해당 프로젝트의 팀원이라면 누구나 내용을 수정하고 보완할 수 있습니다. 실수로 내용이 지워지거나 파일 자체가 삭제되면 리스크가 크지 않느냐는 질문을 종종 받는데요, 웬만한 공유 문서 서비스를 활용하면 그런 걱정은 말 그대로 기우입니다. 문서의 변경 사항을 초 단위로 저장하는 것은 기본이고 언제 누가 어떤 부분을 편집했는지까지 모두 기록되기 때문입니다. 실수나 고의로 삭제한 문서도 클릭 한 번으로 즉시 복구가 가능합니다. 한두 사람의 노트북에 저장된 기획서가 죽어 있는 문서라면 클라우드에 만들어진 그라운드시트는 프로젝트가 끝날 때까지 지속적으로 업데이트되는 생명체와 같습니다.

3분의 1 드래프트(One Third Draft)

협업력을 높이는 또 다른 업무 스킬은 '3분의 1 드래프트'입니다. 고객의 반응을 빠른 사이클로 제품이나 서비스에 반영하는 애자일 방식을 사내 문서 작성에 활용한 건데요, 방법은 간단합니다.

만약 여러분이 3주 안에 기획서나 보고서를 완성해야 한다면, 1주일이 지난 시점에 약 3분의 1 정도의 완성도의 초안을 작성해서 상사에게 리뷰를 받습니다. 보통 이 단계에서는 문서의 목차와 각 페이지의 내용이 제목 형태로 위치합니다. 첫 리뷰에서 받은 피드백을 반영해서 2주일이 지난 시점에 또 한 번 리뷰를 받습니다. 이때는 상사를 포함해 그 문서와 관련된 동료들을 초대합니다. 아직 완성본이 아니라서 디자인도 허접하고 오타도 있지만, 마감까지는 일주일이 남았기 때문에 리뷰하는 사람들도 내용을 중심으로 피드백을 줄 겁니다. 이때 받은 피드백을 반영해서 남은 일주일간 최종본을 완료합니다.

혹자는 마감일에 맞춰 한 번에 작업하나, 이렇게 세 번에 나눠서 작업하나 별다를 게 없다고 생각할 수 있습니다. 하지만 이렇게 중간 리뷰를 두 번이나 받게 되면 최종 결과물의 퀄리티는 훨씬 높아집니다. 여기에는 두 가지 합리적인 이유가 있습니다.

우선 초기 단계에서 상사에게 방향성에 대한 명확한 가이드를 받을 수 있습니다. 문서의 콘셉트와 방향성을 잘못 설정해서 낭비되는 시간과 노력을 최소화할 수 있다는 의미입니다. 실제로 퀄리티가 낮은 문서를 살펴보면 내용 자체가 문제이기보다 애초부터 방향의 설정이 잘못된 경우가 많습니다. 이걸 모른 채 마감 날짜까지 잘못된 방향으로 문서를 발전시키면, 작업을 열심히 할수록 마이너스가 됩니다. 하지만 초기 3분의 1 지점에서 목차 수준의 초안을 작성해 리뷰를 받으면 문서가 잘못된 방향으로 나갈 가능성이 현저히 줄어듭니다.

또한 이 시점에는 목차만 작성했을 뿐 본격적인 시간과 노력이 투입되지 않은 상태라 상사도 팀원도 부담이 적습니다. 리뷰하는 쪽에서도 부담 없이 변경을 제안할 수 있고 보고서를 쓰는 쪽에서도 방어적이지 않고 변경을 수용할 수 있습니다. 이렇게 중간 피드백을 반영해서 완성도를 높이는 방식으로 문서를 작성하면 마감일에 맞춰 한 번에 최종본을 제출했을 때 보다 문서의 방향성도 더 명확해지고 내용의 완성도도 올라갑니다.

피드백 서베이*(Feedback Survey)*

협업력을 높이는 마지막 업무 스킬은 '피드백 서베이'입니다. 프로젝트팀원들에게 나와 일한 경험을 간단한 설문 조사 형태로 물어보는 방법입니다. 피드백 서베이는 내가 일하는 방식을 객관적으로 확인할 기회이자 팀원들에게는 '다시 이 사람과 일하고 싶다'는 느낌을 줄 수 있는 방법입니다. 사실 프로젝트가 끝난 후에 팀원들의 피드백을 받고 싶어 하는 사람이 많습니다. 하지만 구체적인 피드백을 얻기 위해 적극적으로 행동하는 사람은 거의 없습니다. 그래서 피드백 서베이는 실행 자체로도 팀원들에게 특별한 인상을 심어 줄 수 있습니다.

피드백 서베이를 만드는 방법은 따로 정해져 있지 않습니다. 설문지를 종이로 출력해서 일일이 요청할 수도 있고, 메일이나 문자를 통해서 받을 수도 있습니다. 하지만 좀 더 효과적으로 피드백을 받고 싶다면 저희의 경험을 기반으로 작성된 가이드라인을 참고할 수 있습니다.

우선 피드백을 받는 채널은 구글폼(Google Form), 서베이몽키(SurveyMonkey) 같은 온라인 설문 서비스가 좋습니다. 설문지의 작성과 수정이 쉬울 뿐 아니라 금액적인 부담도 거의 없기 때문입니다. 피드백 결과도 실시간으로 수집되기 때문에 별도의 정리나 통계가 필요하지 않습니다.

설문의 양은 5분 안에 부담 없이 끝낼 수 있는 정도가 좋고, 특별한 이유가 없다면 익명으로 진행하는 것이 솔직한 피드백을 받는 데 유리합니다. 설문 내용은 프로젝트의 성격이나 멤버들의 전문성에 따라 달라질 수 있지만, 다음 다섯 가지 주제가 포함되면 의미 있는 결과를 얻을 수 있습니다.

① 나와 일을 하면서 개인적으로 가장 좋았던 점은 무엇이었나요?
② 나와 일을 하면서 개인적으로 가장 힘들었던 점은 무엇이었나요?
③ 다음에도 함께 일한다면 구체적으로 어떻게 보완하면 좋을까요?
④ 나와 일하면서 함께 일한다는 느낌/존중받는다는 느낌/성장하고 있다는 느낌이 얼마나 들었나요?

⑤ 만약 후속 프로젝트를 진행한다면 그때도 나와 함께 일하고 싶은
  가요?

완성된 설문은 프로젝트의 최종 보고가 끝난 주를 넘기지 말고 개별 메시지나 문자를 통해 전달하는 것이 좋습니다. 이때 멤버 개개인에 대한 짧은 감사 메시지를 함께 보내면 효과가 극대화됩니다. 특히 프로젝트 리더가 솔선해서 피드백 서베이를 진행하면 높은 수준의 협업을 지향하는 리더의 진정성이 느껴질 뿐 아니라, 자율적인 피드백이 조직 문화로 자리 잡는 데도 긍정적인 영향을 끼칩니다.

설문을 받기 전에는 누구나 부정적인 피드백에 스스로 상처받지는 않을까 두려워합니다. 하지만 실제로 피드백을 받아 보면 부정적인 내용보다 힘을 주는 내용이 훨씬 많다는 사실에 놀라게 됩니다. 아마도 끝난 프로젝트에 대해서 동료의 의견을 듣는다는 것 자체가 긍정적인 이미지를 주기 때문이 아닌가 싶습니다.

| 글쓰기력

코로나19 이후 전 세계는 빠르게 온라인 모드로 전환하고 있습니다. 직장인들은 일주일에 반 이상을 사무실 밖에서 일하고, 학생들은 수업 대부분을 온라인으로 듣습니다. 세계적인 유명 인사들이 나오는 글로벌 콘퍼런스를 침대에서 스마트폰으로 들을 수 있고, 하루에도 수십 개의 온라인 모임이 새롭게 열리고 있습니다. 그야말로 온라인이라는 또 하나의 세상이 열린 듯합니다.

특히 기업의 온라인 전환은 생존과 직결된 문제이다 보니 어떤 분야보다 속도가 빠릅니다. 2020년 5월, 트위터는 영구적인 리모트워크를 선언했습니다. 기존의 사무실은 이미 폐쇄에 들어갔고 모든 출장은 온라인 미팅으로 대체됐습니다. 미국 시애틀에 짓고 있던 대규모의 본사 부지를 매각한 제조 회사도 있습니다. 국내 기업은 온라인 채용을 중심으로 리모트워크에 적합한 인재를 뽑기 시작했습니다.

이렇게 업무의 중심이 오프라인에서 온라인으로 옮겨 가면 커뮤니케이션의 중심도 말에서 텍스트로 옮겨 갑니다. 모두가 한 사무실에서 일할 때는 대부분의 커뮤니케이션이 말을 중심으로 이뤄졌습니다. 중요한 내용은 말로 전하는 것이 기본이고 특별히 정리나 기록이 필요하면 글로 보충합니다. 하지만 온라인 커뮤니케이션에서는 반대입니다. 중요한 내용은 텍스트를 통해 먼저 전달하고, 보충이 필요하면 전화나 화상 회의를 통해서 말로 커뮤니케이션합니다.

실제로 한 기업에서는 코로나19 기간에 재택근무를 하면서 커뮤니케이션의 중심이 바뀌었습니다. 재택근무 전에는 부서장이 주로 업무 지시를 말로 했습니다. 물론 지시받은 내용이 모호하거나 내용이 많을 때는 팀원들이 부서장의 말을 정리해서 다시 확인받기도 했지만 흔한 일은 아니었습니다. 하지만 전사가 재택근무에 돌입하면서 부서장의 업무 지시는 주로 메신저나 메일을 통해 이뤄졌습니다. 직원들의 절반 이상은 늘 사무실에 없었기 때문입니다.

이런 상황에서는 텍스트로 업무를 전달해야 같은 이야기를 여러 번 하지 않을 수 있습니다. 말로만 업무 지시를 내리면 전달에 전달을 거치면서 내용이 왜곡되거나 누락될 수 있는데, 텍스트로 내용을 기록해서 전달하면 이런 리스크가 줄어듭니다. 만약 글로 전달한 메시지가 잘 이해되지 않으면 화상 회의를 통해 내용을 보충하기도 합니다.

이렇게 리모트워크가 일반화되면 상당수의 업무 커뮤니케이션은 기록을 전제로 하는 텍스트나 그에 준하는 방식으로 대체됩니다. 그러면 자연스럽게 글쓰기 능력이 중요해집니다. 글쓰기력은 현상이나 의견을 상대가 알아듣기 쉽도록 서술적으로 구조화하는 능력입니다. 유려한 작가적인 글쓰기를 의미하는 것이 아닙니다. 리모트워크 시대의 글쓰기 역량이란 업무 현황이나 자신의 생각을 상대가 알아듣기 쉽도록 서술적으로 구조화하는 능력을 의미합니다. 같은 내용이라도 짧고, 명확하고, 쉽게 쓸 수 있는 능력이 중요해집니다.

짧게 쓰기

우선 짧게 써야 합니다. 전달하고자 하는 정보의 양이 많을수록 글에도 효율이 필요하기 때문입니다. 전체 내용을 관통하는 핵심으로 시작해서 느슨한 집중력으로도 한 호흡에 내용을 소화할 수 있을 만큼 길이가 짧아야 하는데, 그러려면 글을 쓸 때 핵심이 아닌 내용을 과감하게 생략해야 합니다. 구체적인 스토리를 일일이 나열하는 대신 스토리의 의미와 결론을 추상적인 차원에서 표현하는 것도 글을 짧게 쓸 수 있는 좋은 방법입니다.

내가 전하려는 메시지를 스스로 명확하게 알고 있는 것도 중요합니다. 궁극적으로 전달하려는 내용이 무엇인지 헷갈리면 자신도 모르게 글이 장황해지고 늘어집니다. 어떤 의미에서 보면 글을 짧게 쓰는 능력은 단순히 길이의 문제를 넘어 글 쓰는 사람의 사고방식과 연결되어 있다고 볼 수 있습니다.

명확하게 쓰기

좋은 글은 메시지가 명확합니다. 다시 말해 글을 쓴 사람의 의도를 단번에 알아챌 수 있는 글이 좋은 글입니다. 끝까지 다 읽었는데도 '도대체 뭘 말하고 싶은 거지?'라는 생각이 든다거나 내용이 이해가 안 돼서 처음부터 다시 읽게 된다면 그 글은 명확한 글이라고 볼 수 없습니다.

글을 명확하게 쓰고 싶다면 우선 의도를 명확히 해야 합니다. 이미 끝난 업무를 다시 해야 한다거나, 예산 문제로 더 이상 지원이 불가능하다는 말을 돌려서 하지 말고 직접적으로 서술해야 합니다. 그래야 이후 설명을 이해하기가 쉬워져서 전체적으로 글이 명확해집니다. 한국에서는 특히 거절과 관련한 내용을 모호하게 돌려 쓰는 경향이 있는데, 이런 습관은 불필요한 논의를 발생시키고 의사 결정도 지연시킵니다. 텍스트를 통해 주로 소통이 이루어지는 리모트워크 시대에 이런 모호한 글쓰기는 예의가 아니라 민폐가 될 수 있습니다.

쉽게 쓰기

흔히 중학교 2학년이 읽어도 이해할 수 있을 수준의 글이 좋은 글이라고 하는데, 이는 과장이 아닙니다. 업무적으로 쓰는 글은 많든 적든 전문 분야의 정보가 포함되기 때문에 자칫 난해하고 어려워지기가 쉽습니다. 내가 함께 일하는 사람이 중학교 2학년은 아니지만, 전문 영역에 대한 이해도로 보면 중학교 2학년과 다를 바가 없습니다. 영업에서 흔히 쓰는 'CTA(Call-to-action)'는 HR 담당자에게 외계어처럼 들릴 수 있고, 스마트워크에서 의미하는 '자율'은 일반적인 자율과는 의미가 다릅니다. 그렇기 때문에 글을 쓸 때는 중학생 조카나 나이가 많은 어르신에게 설명한다는 생각으로 쉽게 쓰는 것이 좋습니다.

직장에서 주고받는 글이 쉬워지면 업무 속도도 빨라지고 고객이나 동료의 만족도도 올라갑니다. 실제로 GE항공의 디지털 서비스 사업부에서는 2014년부터 난해한 법률 용어와 만연체투성이인 계약서를 쉬운 말로 바꾸는 프로젝트를 진행했는데요, 그 결과 계약 협상 시간이 60% 수준으로 줄어들었고 계약 문구에 대한 분쟁도 사라졌습니다.

일상에서 쉽게 글쓰기 역량을 키우는 법

그럼 짧고, 명확하고, 쉬운 글쓰기는 어떻게 연습할 수 있을까요? 글을 업으로 삼는 사람에게는 돈도 시간도 많이 드는 고급 글쓰기 클래스를 추천하겠지만, 실무자로서 필요한 글쓰기 역량을 키우는 데는 가성비 좋은 방법이 하나 있습니다. 바로 SNS를 활용하는 것입니다. 페이스북, 트위터, 인스타그램 등 텍스트 형태의 포스팅과 코멘트가 가능한 SNS라면 무엇이든 가능합니다.

연습하는 방법은 간단합니다. 우선 댓글을 통해서 짧은 글쓰기를 시도합니다. 관심 있는 포스팅에 댓글을 달면서 내 생각을 두세 문장으로 짧게 전달하는 연습을 하는 겁니다. 그게 익숙해지면 이번에는 짧은 포스팅을 직접 해 봅니다. 포스팅의 길이는 스마트폰 기준으로 한 호흡에 읽을 수 있는 30초 이내가 적당합니다. 너무 짧지 않은 길이의 4~5문장이 들어가는 수준입니다.

이렇게 짧은 포스팅이 익숙해졌다면 이제는 블로그에서 좀 더 긴 호흡의 글쓰기를 연습해 봅니다. 주제에 따라 분량은 다를 수 있지만, 읽는 사람을 생각하면 노트북 기준으로 한 화면을 넘지 않아야 부담이 없습니다. 단순한 사실을 전달하는 글보다 자신의 의견이나 주장을 담은 글이 글쓰기를 연습하기에 좋습니다.

SNS를 통해 글쓰기를 연습할 때 가장 좋은 점은 '좋아요' 개수나 댓글의 내용을 통해 자신의 글쓰기를 모니터링할 수 있다는 사실입니다. 만약 내가 글을 어렵게 쓰고 있다면 '좋아요' 개수가 좀처럼 늘지 않을 겁니다. 쉽게 이해하지 못한 글을 좋아하는 사람은 드물기 때문입니다. 만약 '좋아요' 개수는 꽤 되는데 애먼 내용의 댓글이 많다면 내가 글을 명확하게 쓰지 않았다는 방증입니다. 이럴 때 대댓글을 통해서 내 의도를 추가로 설명하기보다는 글의 어떤 부분에서 그런 생각을 했는지 물어보는 것이 명확한 글쓰기 역량을 높이는 데 더 도움이 됩니다.

이렇게 시간이 될 때마다 SNS를 통해 글쓰기를 연습하다 보면, 몇 개월 후에는 스마트워크 시대의 핵심 경쟁력 중 하나인 글쓰기 역량이 한층 업그레이드돼 있다는 느낌을 받을 것입니다. 적절한 SNS 활동으로 인간관계가 넓어지는 것은 보너스고요.

| 툴 활용력

제가 운영하는 학습 커뮤니티 패러데이에는 최신 문서 작성 툴인 '노션'을 배우는 50~60대의 멤버들이 있습니다. 30일간 매일 한 가지의 메뉴를 익히는데요, 벌써 자신만의 온라인 서재를 완성하고 포트폴리오까지 만든 멤버도 있습니다. 노션이라는 툴을 몰랐다면 혼자서는 꿈도 못 꿨을 결과물을 뚝딱 만들어 내는 멤버들을 보면서 기술의 힘을 실감합니다.

기술을 활용할 줄 안다는 것은 능력 있는 직원 여러 명을 고용하는 것과 같습니다. 어릴 적 꿈꿨던 가제트 형사의 만능 팔다리를 갖는 것과도 비슷하고요. 기술을 활용하면 같은 일을 더 적은 시간에, 더 적은 노력으로 할 수 있고, 심지어 더 나은 결과를 만들 수도 있습니다. 실제로 날로 발전하는 기술은 스마트워크를 가능하게 만든 핵심 요소입니다.

기술에 대한 흔한 오해 중의 하나는 기술이 발전하면 이용자 입장에서 더 복잡하고 어려워질 거라는 생각입니다. 하지만 기술이 발전할수록 같은 결과물을 만드는 데 필요한 노력은 적어지고 기회비용도 낮아집니다. 쉽게 말해 예전에는 접근하기가 어려웠던 기술들이 이제는 누구나 쉽게 사용할 수 있을 만큼 접근 장벽이 낮아졌다는 뜻입니다.

동영상 편집 앱이 좋은 예입니다. 스마트폰과 무선 인터넷의 보급으로 동영상 편집 기술은 매우 빠르게 발전했습니다. 이제는 누구나 쉽게 영상을 촬영하고 편집해서 SNS에 올릴 수 있습니다. 동영상 편집을 위해서 선택할 수 있는 앱의 개수는 일일이 세기가 어려울 정도로 많고, 작동 방법도 하루 이틀이면 배울 수 있을 정도로 쉬워졌습니다.

가격도 부담 없이 지불할 수 있는 수준으로 낮아져서 스마트폰 전용으로 나온 편집 앱은 무료이거나 3~10달러 정도면 충분합니다. 전문가 수준의 영상 편집 앱도 30만 원대면 영구 소장이 가능합니다. 결과물의 품질은 이전에 수천만 원짜리 전문 장비를 사용할 때와 비슷하거나 더 좋아졌습니다.

이렇게 기술의 접근성이 낮아지면 업무용 툴의 활용 능력은 실무자의 업무 역량과도 직결됩니다. 툴 활용력은 적절한 툴을 적절한 수준으로 빠르게 학습해서 업무에 적용하는 능력인데요. 모든 툴을 전문가 수준으로 잘 다뤄야 한다는 게 아니라 업무에 필요한 툴을 적절한 수준으로 빠르게 학습할 줄 알아야 한다는 의미입니다.

비대면 시대에 더 잘나가는 강사들

이를 잘 보여 주는 예가 최근 빠르게 보급된 화상 회의 툴입니다. 이미 잘 알려진 것처럼 코로나19 이후 기업과 학교의 오프라인 교육 대부분은 온라인으로 전환됐습니다. 이런 환경에서 강의나 수업을 하려면 기본적으로 화상 회의 툴을 다룰 줄 알아야 하는데요, 아직도 화상 회의 툴을 다룰 줄 몰라서 온라인으로 넘어가지 못한 강사나 교수가 부지기수입니다. 요즘 출시된 화상 회의 툴은 10년 전 기업이 도입하던 화상회의 시스템에 비하면 훨씬 저렴하고 쉬운데도 말입니다.

코로나19 이후 세계적으로 가장 많이 보급된 화상 회의 툴 '줌'의 경우 40분 이내의 회의는 누구나 무료로 이용할 수 있고 그 이상으로 길어지는 경우에도 월 2만 원이면 풀 서비스를 받을 수 있습니다. 설치도 간단해서 노트북이나 스마트폰만 있으면 몇 분 안에 설치와 세팅이 가능합니다. 메뉴 구성도 직관적이라 웬만한 기본 기능은 매뉴얼을 읽지 않아도 바로 사용이 가능합니다.

코로나19 이후 줌의 보급 속도가 급격하게 빨라지자, 일부 강사들은 수업에 줌을 적극적으로 활용하기 시작했습니다. 줌에서 제공하는 소그룹 기능이나 화면 합성 기능을 심도 있게 공부하기 위해서 자체적으로 스터디를 만들기도 하고, 유튜브로 독학을 하기도 합니다. 예전이라면 수십만 원을 내고 몇 달씩 학원을 다녀야 했겠지만 요즘엔 학원보다 높은 퀄리티의 유튜브 강연이 넘칩니다.

이런 시대 변화에 잘 적응한 강사들은 코로나19 이후 강의와 수업이 오히려 늘었습니다. 화상 회의 툴을 통해 온라인 강의를 하면 이동 시간도 아낄 수 있고, 하루에 두세 타임의 수업도 무리 없이 가능합니다. 강의 전에 녹화 버튼 하나만 눌러 두면 오프라인에서는 엄두도 못 냈던 모니터링도 할 수 있으니 일석다조입니다.

문서 매뉴얼 vs. 동영상 매뉴얼

툴 활용력이 업무 역량을 결정하는 일은 회사에서도 자주 일어납니다. 얼마 전 한 기업에서는 디지털 트랜스포메이션의 일환으로 전자 결재와 전자 계약을 동시에 도입하기로 했습니다. 본격적인 도입 전 직원들의 사전 학습을 위한 매뉴얼이 필요했고, 담당 부서에서는 두 개의 팀을 만들어서 하나는 전자 결재 매뉴얼을, 다른 하나는 전자 계약 매뉴얼을 만들었습니다.

전자 결재 매뉴얼을 담당한 팀은 파워포인트를 활용해서 종이 매뉴얼을 만들었습니다. 전자 결재 시스템의 각 페이지를 이미지로 캡처해서 넣은 후 전자 결재 과정을 텍스트로 설명하는 일반적인 책자 형태의 매뉴얼이었습니다. 표지를 제외하고 총 38장에 달하는 문서 형태의 매뉴얼을 경영지원 부서 두 명, 디자이너 한 명이 6일에 걸쳐 제작했습니다.

반면 전자 계약 매뉴얼을 만든 팀은 구성원이 달랑 한 명이었습니다. 전자 계약 매뉴얼을 만드는 데 투입할 수 있는 인력이 부족해서였습니다. 상대적으로 전자 결재보다 시급성이 낮은 데다 매뉴얼을 배포할 대상도 HR팀과 몇몇 계약 담당자로 제한적이기 때문에 인력 배분의 우선순위에서 밀린 겁니다. 대신 제작 기한은 한 달 정도로 넉넉하게 주어졌습니다.

그런데 재미있는 결과가 나왔습니다. 인원이 턱없이 부족했던 전자 계약 매뉴얼이 세 배의 인력을 투입한 전자 결재 매뉴얼보다 빨리 완성됐습니다. 전자 결재 매뉴얼은 시작부터 배포까지 총 6일이 걸렸는데, 전자 계약은 그 절반인 사흘밖에 걸리지 않았습니다. 매뉴얼의 난이도나 투입 인력으로 보면 전자 계약의 작업 시간이 더 길어야 정상인데, 어떻게 반대의 결과가 나올 수 있었던 걸까요?

비밀은 바로 동영상 매뉴얼이었습니다. 전자 계약 매뉴얼을 담당했던 담당자는 평소에 간단한 영상 편집 툴이나 화상 회의 툴을 독학으로 공부하고 있었습니다. 그래서 무언가를 배울 때는 이미지와 텍스트 중심의 문서보다 영상이 훨씬 이해하기 쉽다는 걸 알고 경험으로 있었습니다. 게다가 적은 시간에 혼자서 매뉴얼을 만들 방법을 찾다 보니 화상 회의 툴 줌이 적격이라는 생각이 들었습니다. 결국 줌의 녹화 기능과 화면 공유 기능을 활용해 단 사흘 만에 전자 계약서 체결 과정을 영상으로 담을 수 있었습니다.

실제로 그는 사흘의 제작 기간 중 하루를 가상의 계약서를 만드는 데 썼고, 하루는 줌으로 전자 계약서 만드는 방법을 녹화하는 데 사용했습니다. 마지막 날에는 녹화한 파일을 직접 편집했는데, 단순히 전자 계약서 쓰는 방법을 설명하는 영상이라서 특별한 편집이나 효과가 필요 없었다고 합니다. 그렇게 만들어진 동영상 매뉴얼의 길이는 단 5분. 파워포인트 38장으로 만들어진 전자 결재 매뉴얼을 읽는 시간과 비교하면 현저하게 적습니다.

이후, 두 개의 매뉴얼은 사내 그룹웨어를 통해서 전사에 공유됐는데요, 영상으로 제작한 매뉴얼이 문서로 만든 매뉴얼보다 반응이 좋았습니다. 두 개의 매뉴얼 작업에 투입된 인력과 시간을 양적으로 환산해 보니 동영상 매뉴얼이 문서 매뉴얼보다 약 36배 높은 효율을 보였습니다. 매뉴얼에 대한 이해도(직원들의 별점)를 고려하면 그 차이는 50배까지 늘어납니다.

구분	전자 결재	전자 계약	비교
작업자 수	3명(경영지원팀 2인+디자이너 1인)	1명(경영지원팀 1인)	×3
완성하는 데 걸린 시간	6일	3일	×2
사용한 기술	엑셀, 파워포인트	화상회의 툴 줌, 윈도우 내장 영상 편집 툴	
결과물의 양	PDF 38장(30분)	영상 5분	×6
매뉴얼 이해도(직원 별점)	별 3개	별 4.5개	×1.5

문서 매뉴얼 vs. 동영상 매뉴얼 비교표

기술은 소수 전문가의 전유물이던 시대가 있었습니다. 컴퓨터는 대학에서 전산과를 전공한 사람들만 다룰 수 있었고, 사무실에서 컴퓨터를 사용하는 것은 소수의 IT 기술팀 이야기라고 생각했습니다. 그러나 지금은 컴퓨터를 다루지 못하면 직장 생활 자체가 불가능합니다. 앞서 언급한 학습 커뮤니티 패러데이에서는 네이버의 '밴드(Band)'를 활용해서 매일 미션을 수행하는데요, 무료로 다운받을 수 있는 이 툴을 쓸 줄 모르면 배우고 싶은 것이 있어도 참여가 불가능합니다.

기술의 발전 속도가 지금 같은 속도로 빨라진다고 가정하면, 기술과 툴을 활용할 줄 아는 능력이 직장인의 기본 역량이 될 날도 머지않았습니다. 그렇다면 스마트워크 시대에 일 좀 한다는 직장인들 사이에서 활용도가 높은 툴은 어떤 것이 있을까요?

내 역량을 극대화하는 핫한 업무 툴

메신저(Messenger)

이미 메신저는 효율적인 업무에 빠져서는 안 될 툴이지만, 코로나19 이후 리모트워크가 확대되면서 그 중요성이 더 커졌습니다. 온라인으로 일하면 비동시 커뮤니케이션이 대부분을 차지하게 될 것이고, 그 중심에는 쉽고 빠르게 메시지를 주고받을 수 있는 메신저가 있습니다.

메신저 분야의 대표적인 툴로는 코로나19 이전부터 글로벌에서 입지를 굳힌 '슬랙(Slack)'과 국내 기업의 업무 방식에 최적화된 국산 메신저 '잔디(JANDI)'가 있습니다.

프로젝트 관리(Project Management)

비대면이 일상인 업무 환경일수록 프로젝트 관리는 툴을 통해 체계적으로 이뤄져야 합니다. 프로젝트 관리 툴은 성과와도 직결되고 금액도 저렴하지만, 많은 프로젝트 리더가 툴을 사용하지 않고 개인의 역량에 의존해 프로제트를 관리합니다. 프로젝트 관리 툴이 익숙하지 않아서입니다. 이런 분들을 위해 쉽고 직관적인 프로젝트 관리툴을 권하고 싶습니다.

이 분야의 글로벌 리더인 '아사나(Asana)'와 타임라인 방식의 프로젝트 관리 툴 '플로우(Flow)'가 있습니다.

화상 회의*(Video Conference)*

코로나19를 계기로 급격한 성장세를 보이는 영역으로, 지금 이 순간에도 새로운 화상 회의 툴이 나오고 있을 만큼 선택의 폭이 넓습니다. 화상 회의는 작년까지만 해도 선택 사항이었는데 이제는 직장인의 필수 아이템으로 자리 잡았습니다.

이참에 시대의 흐름을 따라 온라인 회의를 시도해 보고 싶다면, 기능도 사용성도 글로벌 톱인 '줌*(Zoom)*'과 보안과 안정성에 중점을 둔 '웹엑스*(Webex)*'를 추천합니다. 다만 웹엑스는 전사 차원의 도입이 아니라면 선택하기가 쉽지 않은데요, 이럴 경우에는 2003년부터 인터넷 통화 서비스를 제공한 '스카이프*(Skype)*'도 좋은 대안이 될 수 있습니다.

공유 문서*(Cloud Note)*

페이퍼리스로 종이 문서가 빠르게 사라지는 요즘, 가장 도입이 쉬우면서도 가성비가 좋은 영역입니다. 기능은 하루가 멀다 하고 업그레이드되고 있으며, 빠르게 늘어나는 이용자 수만큼이나 사용성과 안정성도 좋아지고 있습니다. 단순한 문서의 기능을 넘어 다양한 포맷의 웹 페이지로도 활용할 수 있어서 직장인은 물론 학생과 주부들도 사용하는 국민 툴이 됐습니다.

공유 문서 영역의 툴로는 무서운 속도로 전 세계를 장악하고 있는 '노션*(Notion)*'과 중소규모의 온라인 협업에 최적화된 '콜라비*(collabee)*'가 있습니다.

그룹웨어 *(Groupware)*

마지막은 전사 차원의 기술 활용력을 높일 수 있는 그룹웨어입니다. 메일부터 웹 드라이브까지 업무에 필요한 대부분의 온라인 서비스를 포함해서 편리하고, 사용자 수와 이용 기간에 따라 월별로 비용이 부과되기 때문에 진입 장벽도 낮습니다.

그룹웨어 영역에서는 성격이 다른 두 개의 옵션이 있는데요, 업무 간 연결성과 통합에 집중한 '지스위트*(G-Suite)*'와 각 프로그램의 전문성에 더 집중한 '팀즈*(Teams)*'가 있습니다.

| 시간 관리력

시간 관리력은 최선을 다할 핵심 업무를 찾아내고 시간을 효율적으로 배치하는 능력입니다. 인간은 배터리만 충전하면 같은 능률로 일할 수 있는 기계가 아닙니다. 인간의 일하는 시간과 생산성의 관계는 선형의 비례 관계가 아니라는 의미입니다. 그래서 최선을 다할 핵심 업무를 찾아내고 시간이라는 제한된 리소스를 효율적으로 배치하는 '시간 관리력'은 무슨 일을 하든 중요합니다.

소프트웨어 엔지니어인 제이슨 렝스토프의 '일하는 시간과 생산성의 관계' 그래프에 의하면 생산성은 뒤집힌 U자형으로 변화합니다. 컴퓨터처럼 일을 시작하자마자 효율이 올라가는 것이 아니라 1~2시간이 지나야 비로소 생산성이 높아지는 구간에 진입합니다. '플로 스테이트(Flow State)'라고 불리는 이 몰입 구간에서는 집중력과 몰입도가 높아져서 어려운 일도 단번에 해낼 수 있습니다. 그렇지만 이 구간이 온종일 지속되는 것은 아닙니다. 일을 시작한 지 약 6시간이 지나면 생산성은 급격하게 하락하고 8시간이 지나면 거의 생산성이 나지 않는 지점에 이르게 됩니다.

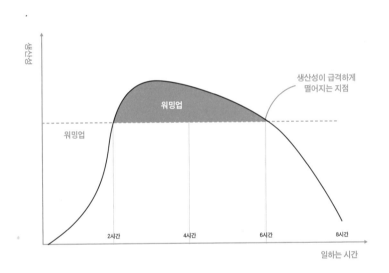

제이슨 렝스토프의 생산성 곡선

만약 여러분이 제한된 시간에 더 많은 일을 하고 싶다면 이 몰입 구간을 적극적으로 활용할 수 있습니다. 워밍업 구간을 지나기 전에는 다른 업무로 전환하거나 관련 없는 업무 메일에 답장하는 것을 피하고 생산성이 급격하게 떨어지기 전에는 일을 마무리하는 겁니다. 이렇게 하면 최상의 상태로 일에 몰입하는 시간을 극대화할 수 있고 같은 시간을 일하더라도 더 좋은 성과를 낼 수 있습니다.

제이슨 렝스토프가 제시한 이 그래프가 틀리지 않는다면, 매일 사무실로 출근해서 별생각 없이 8시간을 채우는 직장인들의 시간 관리는 상당한 개선이 필요합니다. 우선 어떤 일을 시작했다면 최소 두세 시간은 외부의 방해 없이 온전히 그 일에만 집중할 수 있어야 합니다. 같은 3시간을 일하더라도 1시간에 한 번씩 상사의 호출을 받으며 3시간을 일하는 것과 3시간을 온전히 하나의 업무에 몰입하며 일하는 것은 효율 면에서 천지 차이입니다.

하지만 직장인들이 업무 패턴을 보면 후자보다 전자가 흔합니다. 1시간 동안 A 프로젝트의 기획서를 쓰다가, B 프로젝트와 관련된 미팅에 참석하고 다시 자리에 돌아와서 C 프로젝트 메일에 답변을 합니다. 그러다 갑작스럽게 상사의 호출이라도 받으면 즉시 업무가 중단되는 경우가 일상입니다.

이런 패턴으로 일하면 종일 워밍업만 반복할 뿐 높은 효율이 나는 몰입 상태를 경험하지 못합니다. 당연히 의미 있는 결과를 만들기도 어렵습니다. 하루 종일 사무실에 있었지만 뭐 하나 제대로 끝낸 일이 없다는 생각이 든다면, 이런 워밍업 조각들로 하루가 채워졌을 가능성이 높습니다. 물론 직장생활을 하다 보면 동시다발적으로 업무가 펼쳐지는 날이 있기 마련이고, 그럴 때는 한 업무에 집중하기 어려운 게 당연합니다. 하지만 이런 경우가 어쩌다 한 번이 아니라 일상이라면 한 번쯤은 자신의 시간 사용 패턴을 관찰하고 분석할 필요가 있습니다.

일할 때 몰입 구간을 자주 경험하지 못하면 단순히 시간 효율만 낮아지는 게 아니라 깊이 있는 통찰과 사고 자체가 어려워집니다. 또 이런 패턴이 습관화되면 몰입으로 가는 워밍업 시간도 점점 길어집니다. 무의식적으로 외부의 방해에 대응하는 상시 긴장 모드가 되기 때문입니다. 이게 고착화되면 외부의 방해가 전혀 없는 곳에서 일해도 하루 종일 몰입 구간에 이르지 못합니다. 그러면 몸은 피곤하고, 효율은 나지 않고, 스트레스는 높아질 때로 높아져서 이렇다 할 성과도 내지 못한 채 번아웃이 올 수 있습니다.

이런 심각한 단계에 이르지 않는 첫걸음은 자신의 업무 시간 사용 패턴을 관찰하는 것입니다. 다시 말해, 내가 사무실에서 주어진 8시간을 어떻게 쓰는지 인식하는 겁니다.

시간 관리라고 하면 사람들은 시간의 양적인 측면을 늘리는 데 집중하는 경향이 있습니다. 24시간을 48시간처럼 쓸 수 있는 방법이라든지, 항상 높은 생산성을 유지하는 방법을 찾습니다. 그래서 시간 관리라는 키워드가 들어간 유튜브 영상이나 공개 강의에는 그런 비법을 알려 달라는 댓글이 흔합니다. 물론 시간 효율을 극대화하는 노하우가 존재하지 않는 건 아닙니다. 하지만 독에 물을 채우려면 우선 물이 줄줄 새는 구멍부터 막아야 합니다. 깨진 부분이 어디인지, 구멍은 얼마나 크고,

애초에 왜 깨졌는지를 먼저 알아야 합니다. 그런 다음에 새로운 물을 부어야 독에 물이 채워집니다.

　이 순서는 시간 관리 전략에도 그대로 적용됩니다. 우선은 내가 시간을 어떻게 사용하고 있는지 알아야 합니다. 그런 다음 어디에서 시간이 새는지를 파악하고, 이를 어떻게 막을지 고민해야 합니다. 그렇게 새지 않는 시간의 독을 만들어 놔야 시간 관리 노하우를 담아도 새 나가지 않습니다.

　그렇다면 내가 업무 시간을 쓰는 패턴은 어떻게 알 수 있을까요? 가장 간단한 방법은 기록입니다.

시간 사용 패턴을 알아내는 방법

텍스트 기록

　내가 언제 무엇을 했는지를 글로 남기는 방법입니다. 매시간 무엇을 했는지 적는 방식이 아니라, 집중하는 업무가 바뀌거나 회의, 호출, 전화 같은 작은 이벤트가 생길 때마다 그 시간을 기록하는 겁니다. 사람에 따라 다이어리에 기록할 수도 있고 스마트폰에 기록할 수도 있습니다.

　물론 시간별로 상세한 업무 내용과 방해 요인이 정리된 엑셀 시트를 만들면 더 체계적이겠지만, 기록의 방식이 무겁고 복잡할수록 기록의 양은 적어집니다. 분실되는 정보도 그만큼 늘어나지요. 기록이 끝난 다음에 의미 있는 결과를 얻으려면 패턴을 일반화할 수 있을 만큼 충분한 데이터를 확보하는 게 우선이기 때문에, 처음부터 복잡하고 상세하게 기록하는 것을 추천하진 않습니다. 스마트폰에 설치된 기본 노트 앱이면 충분합니다.

음성 기록

업무 특성상 텍스트 기록이 다소 번거롭다면 음성으로 기록하는 방법도 있습니다. 스마트폰의 녹음기 앱이나 별도의 보이스 레코더를 가지고 다니면서 하루를 녹음하는 방식입니다. 간혹 소리만으로는 무슨 일을 했는지 기억하지 못할 수 있으므로, 특정 회의에 참석할 때는 '지금 팀 주간 회의 가는 중'이라고 혼잣말을 남기면 좋습니다.

이 방법은 자신이 의식하지 못한 채 사용하는 시간, 이를테면 동료와의 대화나 상사의 예고 없는 호출도 자동으로 기록된다는 장점이 있습니다. 분석에 가장 중요한 데이터 유실을 막는다는 차원에서 가장 확실한 방법이지요. 하지만 음성 기록은 추후 분석을 위해 텍스트로 변환하는 데 상당한 시간을 들여야 하는 단점이 있습니다. 최근에는 이를 보완하기 위해서 음성을 텍스트로 변환해 주는 프로그램을 활용하기도 합니다.

기억

하루에 4~5번 정해진 시간에 기억에 의존해 하루를 기록하는 방법도 있습니다. 기상 후 대략 3~4시간에 한 번씩 알람이 울리도록 설정하고 알람이 울릴 때마다 지난 몇 시간을 어떻게 썼는지 기록하는 겁니다. 상시 기록이 아니라서 텍스트 기록이나 음성 기록보다는 확실히 정확도가 떨어질 수 있습니다. 하지만 보통 사람이라면 6시간 이내에 일어난 일은 큰 왜곡 없이 기억이 가능하고, 바쁜 업무에 시달리는 직장인들에게는 가장 시도하기 좋은 방법이기도 합니다.

이 세 가지 방법 중에 무엇을 선택하든 일주일 정도의 기록만 확보하면 대략적인 자신의 시간 사용 패턴을 확인할 수 있습니다.

시간 관리력을 높이는 방법

우선순위 온리(*Priority Only*)

만약 업무의 중요도와 영향력 측면에서 어떤 일을 먼저 해야 하는지 모른 채, 상사나 동료가 업무를 요청하는 대로 혹은 그날그날 내키는 대로 일을 하고 있다면 즉각적인 개선이 필요합니다. 성과를 만드는 의미 있는 일이 아니라 시간을 채우기 위한 업무에 하루를 소모하고 있을 가능성이 높기 때문입니다.

일반적인 직장인에게 하루에 처리하는 업무를 적어 보라고 하면 평균 8개의 목록이 나옵니다. 그런데 그중에서 성과에 중요한 영향을 미치는 업무를 골라 보라고 하면 두 개를 넘지 않습니다. 즉 직장인들이 매일 해야 한다고 생각하는 일의 대부분은 장기적으로 성과에 도움이 되거나 중요한 일이라기보다 지금 당장 할 수 있는 일이거나, 쉬운 일이거나, 외부의 재촉 때문에 미루거나 거절하기 부담스러운 일들입니다.

만약 하루가 60시간이라면 이렇게 중요하지 않은 일을 먼저 하더라도 하루가 끝나기 전에 성과에 영향을 미치는 한두 개의 핵심 업무를 마칠 수 있을 겁니다. 하지만 현실은 중요한 소수의 업무만 하기에도 하루가 부족합니다. 게다가 높은 효율성을 유지하려면 의도적으로 업무 중간중간에 휴식 시간도 확보해야 합니다. 인간은 전원을 공급한다고 높은 효율로 일을 시작할 수 있는 전자기기가 아니기 때문에 제한된 시간을 효과적으로 사용하기 위해서는 물리적, 심리적으로 충분한 휴식을 취해야 합니다.

우선순위 없이 중요하지 않은 일들로 하루종일 바쁜 일상이 나의 패턴이라면, 어떻게 이를 개선할 수 있을까요?

먼저 일을 시작하기 전에 그날 해야 할 업무 목록을 적어 봅니다. 그 다음에는 각 업무의 우선순위를 숫자로 적습니다. 장기적인 관점에서 성과에 중요한 일, 나의 영향력이 높은 일이 우선순위가 돼야 합니다. 그런 다음에는 우선순위가 높은 업무 두 개만 빼고 나머지를 목록에서 지웁니다. 목록에서 지우면서 머릿속에서도 같이 지워 버립니다. 오늘 말고 언제 할 수 있을지를 고민할 필요도 없습니다. 오늘 선택한 중요한 업무 두 가지만 하는 데도 하루는 부족하기 때문입니다.

그렇게 우선순위가 높은 두 가지 일에만 집중하면 오후 3~4시 이후에 마술처럼 아침에 지워 버린 일들을 할 시간이 생깁니다. 어떤 일의 우선순위가 높지 않다는 건 지금 당장은 급해 보여도 장기적으로 내 인생에 끼치는 영향력은 작다는 의미입니다. 인생에 아무런 영향력을 끼치지 않을 일은 시간이 남았을 때 해도 괜찮습니다.

뭉치 시간 확보

시간 관리에는 '뭉치 시간'이라는 개념이 있습니다. 외부의 방해 없이 집중해서 일할 수 있는 2시간 이상의 연속된 시간을 의미합니다. 업무 시간의 사용 패턴을 분석했는데 뭉치 시간이 하루에 한 번도 채 확보되지 않는다면 진지하게 업무 환경을 돌아볼 필요가 있습니다. 특히 실무자가 하루에 한 번도 뭉치 시간을 갖지 못한다면 성과를 내는 것 자체가 어렵습니다. 좀 더 구체적으로 설명해 보겠습니다.

실무자에게 '일'이란 의미 있는 무언가를 만들어 내는 것입니다. 제품 기획자라면 인사이트가 들어간 기획서를, 개발자라면 특정 기능을 수행하는 코드를, 그래픽 디자이너라면 콘셉트가 녹아든 페이지를, HRD 담당자라면 직원의 역량을 함량시키는 교육 프로그램을 만드는 것이 그들의 '일'입니다. 예술의 경지까지는 아니더라도 이는 엄연한 창조의 과정이고, 여기에는 몰입이 필요합니다. 그리고 이런 몰입 상태에 진입하기 위해서는 적어도 2시간 이상의 뭉치 시간이 확보돼야 합니다.

몰입은 마음의 상태이지 결심이 아니라서, 아무리 몰입해서 일하겠다고 마음을 굳게 먹어도 책상 앞에 앉자마자 몰입 상태가 되기는 어렵습니다. 앞서 살펴본 것처럼 워밍업 구간을 지나야만 몰입 구간에 진입할 수 있기 때문에 외부 방해 없이 하나의 업무에만 집중할 물리적인 시간이 필요합니다. 오전에 한 번, 오후에 한 번, 자신만의 뭉치 시간을 확보할 수 있는가에 따라서 실무자의 성과는 크게 달라질 수 있습니다.

뭉치 시간을 확보하기 위해서는 평소에 집중을 방해하는 요인이 무엇인지 확인하고 이를 적극적으로 제거해야 합니다. 방해의 원인이 메신저나 전화라면, 하루에 두 번 정도는 메신저나 전화를 완전히 꺼 놓고 업무하는 것도 방법입니다. 물론 이때는 함께 일하는 동료나 상사에게 미리 양해를 구하고 중요한 업무 연락은 놓치지 않도록 대비해 놓아야 합니다.

만약 집중을 방해하는 요인이 급작스러운 상사의 호출이나 예정되지 않은 회의라면, 캘린더에 특정 시간대를 블락해 놓고 포커스룸이나 빈 회의실로 이동해서 일하는 것도 방법입니다. 만약 사무실 내에 개인 책상 말고는 업무할 대안 공간이 없다면, 음악이 나오지 않는 헤드폰을 이용해서 '나 집중 업무 중이에요'라는 메시지를 보내는 것도 방법입니다.

7 변화 대응

어떠한 변화도
빠르지 않다

우리가 매년 스마트워크 트립을 떠나는 이유

스마트워크 우등국, 네덜란드

스마트워크 분야에서 유럽은 선진국 중의 선진국입니다. 특히 우리처럼 성과 중심의 스마트워크보다는 지속 가능한 스마트워크를 지향하는 경우에는 더욱더 그렇습니다. 유럽 기업들의 폭넓은 경험과 다양한 시도, 그리고 일하는 방식을 혁신하는 데 경영의 다양한 면을 종합적으로 고려하는 균형 잡힌 시각은 본격적인 스마트워크 단계에 돌입한 한국 기업에게 값진 통찰을 제공합니다.

여러 유럽 국가들 가운데서도 특히 네덜란드는 스마트워크 분야의 선두주자입니다. 국내에 처음으로 스마트워크가 도입된 2010년 초, 대한민국 정부와 국내 기업들이 빈번하게 벤치마킹한 나라도 네덜란드였습니다. 저 역시 2010년 전후의 네덜란드 출장을 통해서 스마트워크를 처음 접했고, 그 필요성을 깨달았습니다.

네덜란드는 정부와 기업 모두 변화와 혁신에 망설임이 없고, 결과 평가에도 매우 합리적이고 현실적입니다. 저희 회사에서 유럽 리서치를 담당하는 파트너의 말에 의하면, 바다를 메워 삶의 터전을 만들어야 했던 네덜란드의 역사가 네덜란드인의 도전 정신과 현실 감각에 영향을 줬다고 합니다.

실제로 네덜란드인은 학문적인 연구나 이론만큼이나 현실에서의 적용을 중요하게 생각합니다. 그래서 같은 유럽인이라도 프랑스인은 옳고 그름에 대한 철학적 담론을 즐기는 반면 네덜란드인은 빠른 실행을 통한 실질적인 효용에 관심이 많습니다. 네덜란드가 매년 OECD에서 발표하는 시간당 업무 생산성 순위에서 최상위권을 유지하는 것도 이런 맥락에서 보면 당연한 결과라 할 수 있습니다.

그래서 저희는 매년 유럽으로 스마트워크 트립을 떠납니다. 최근 스마트워크를 도입했거나 색다른 시행착오를 겪은 유럽의 기업들을 방문하되 네덜란드를 꼭 일정에 넣습니다. 2017년까지는 리서치 차원으로만 방문했다가 이듬해부터는 살아 있는 스마트워크를 배운다는 차원에서 파트너 혹은 고객사들과 함께 갑니다. 한 번 방문하면 최소 2주에서

4주까지 유럽에 머무는데, 일주일은 네덜란드의 스마트워크 철학과 마인드셋을 배우는 현지 프로그램에 참여하고, 이후 인근 국가의 스마트워크 기업을 방문합니다.

저희가 정기적으로 스마트워크 트립을 떠나는 이유는 세 가지입니다.

시행착오를 배우다

우선 스마트워크 트립을 통해 실제 조직에서 스마트워크가 어떻게 작동하는지를 관찰할 수 있고, 스마트워크가 성공적으로 정착하는 데 필요한 핵심 요소가 무엇인지도 확인할 수 있습니다. 특히 네덜란드 회사들은 그동안 무엇을 했고 어떤 성과가 있었는지를 단순히 프레젠테이션하는 데 그치지 않고, 그 과정에서 있었던 시행착오까지 구체적으로 공유합니다. 또 같은 실수를 반복하지 않기 위해서는 어떻게 해야 하는지에 대한 생각도 나눠주는데, 이는 스마트워크의 도입을 진지하게 고려하는 기업에 매우 큰 도움이 됩니다.

미래를 경험하다

스마트워크의 미래를 미리 경험하고 현실적인 로드 맵을 그릴 수 있다는 점도 스마트워크 트립의 중요한 이유입니다. 국내 기업들이 화상 회의 시스템과 태블릿을 중심으로 스마트워크를 받아들이던 2010년 초, 이미 유럽에서는 온라인 기술이 만능이 아니라는 걸 깨닫고 업무 공간(스마트 오피스)을 바꾸기 위한 시도가 한창이었습니다. 2015년 드디어 국내에서도 '스마트 오피스'라는 단어가 오르내리기 시작할 무렵, 유럽에서는 이미 일을 대하는 마인드셋과 리더십에 관한 논의가 활발했습니다. 이후 국내에서도 일을 바라보는 관점과 리더십의 변화를 중요하게 다루기 시작한 2020년, 유럽에서는 조직 구성원들의 다양성이 큰 화두로 떠오르고 있습니다. 지난 10년의 경험으로 볼 때, 한국에도 향후 2~3년 이내에 조직 구성원의 다양성 확보가 큰 이슈로 떠오를 가능성이 높습니다.

리모트워크를 연습하다

유럽으로 리모트워크 트립을 가는 마지막 이유는 리모트워크를 연습하기 위해서입니다. 업무의 중심을 오프라인에서 온라인으로 옮기는 리모트워크는 관련 제도를 도입한다고 해서 자동으로 가능해지는 것이 아닙니다. 사람들의 일하는 방식은 지난 수십 년, 수백 년에 걸쳐 오프라인에 최적화돼 왔기 때문에 이를 짧은 시간에 온라인으로 옮기기는 쉽지 않습니다. 2010년 이후에 태어난 완벽한 디지털 네이티브가 아닌 다음에야, 대부분의 사람은 여전히 온라인보다는 오프라인에서의 의사소통에 더 능숙하고, 그래서 오프라인이 더 편하다고 느낍니다. 머리로는 포스트 코로나 시대를 대비해 리모트워크를 준비해야 한다고 생각하지만, 몸은 여전히 오프라인의 관성을 받습니다.

그래서 필요한 것이 실전 연습입니다. 재택근무를 하다가 잘 안 되면 사무실로 달려갈 수 있는 상황이 아니라, 다른 선택이 불가능한 실제 상황에서 연습을 하는 겁니다. 리모트워크가 유일한 선택일 때 어떻게 효율적으로 커뮤니케이션할 것이며, 여러 명이 참석하는 온라인 미팅은 어떻게 조율할 것인지, 일하다가 예상치 않은 문제가 발생했을 때 어떻게 온라인으로도 빠른 의사 결정을 내릴 것인지를 연습하는 것입니다.

한국에서는 이런 연습이 쉽지 않습니다. 온라인 커뮤니케이션이 조금이라도 답답하면 "안 되겠네요. 오늘은 이만하고, 내일 판교 사무실에서 만납시다"라며 연습을 포기합니다. 하지만 해외에 있을 때는 다릅니다. 어떻게 해서든 온라인에서 답을 내야 합니다. 척박한 자연환경에서 생존을 위해 창의적으로 될 수 밖에 없었던 네덜란드인처럼 온라인밖에 선택이 없으면 그 안에서 창의성이 발휘되고 대안이 생깁니다. 그 과정에서 자연스럽게 새로운 일하는 방식을 체득하게 됩니다.

악마의 시차

유럽에서 리모트워크를 연습할 때의 가장 큰 어려움은 온라인 커뮤니케이션이 아니라 '시차'입니다. 네덜란드와 한국의 시차는 8시간으로, 한국이 네덜란드보다 8시간이 빠릅니다. 암스테르담에서 제가 사무실에 출근해 일을 시작하면 서울에서 일하는 스태프들은 슬슬 퇴근을 준비합니다. 겹치는 업무 시간이 1~2시간으로 매우 적기 때문에 화상 회의를 하거나 메신저로 안건을 논의하려면 미리 스케줄링을 해야 합니다. 한국과 유럽의 전체적인 스케줄을 고려하지 않으면 효율적으로 일할 수가 없습니다.

하지만 8시간이라는 악마의 시차가 꼭 부정적이지만은 않습니다. 유럽의 직원들이 출근할 시간에 한국 직원들은 퇴근하는 패턴에 익숙해지면 이 시차를 활용해서 프로젝트 속도를 2배까지 올릴 수도 있습니다. 한쪽에서 업무를 마치고 퇴근해 있는 동안 다른 한쪽이 그 업무를 이어받는 원리인데, 이렇게 하면 업무 대기 시간이 드라마틱하게 짧아집니다. 한국 직원이 퇴근하면서 유럽에 요청한 업무를 다음 날 출근과 동시에 확인할 수도 있습니다.

실제 유럽에서 리모트워크를 하는 동안 저희는 매일 저녁에 그날 방문한 회사의 자료를 한국에 보냈는데, 대부분의 경우 다음 날 아침이면 깔끔하게 정리된 보고서를 이메일로 받아볼 수 있었습니다. 모든 스태프가 한국에서 일할 땐 정확하게 하루가 더 걸려야 끝나는 일인데, 8시간 시차가 나는 두 나라에서 협업을 하니 시간이 반으로 줄었습니다.

이처럼 리모트워크는 머리로 아는 것보다 실전 경험을 통해 최적화를 하는 것이 중요합니다. 그런 의미에서 1년에 한 번씩 떠나는 스마트워크 트립은 역사적으로 레퍼런스가 없는 새로운 업무 방식을 체득하는 가장 효과적인 방법임이 분명합니다.

한국과 유럽,
일을 바라보는 관점의 차이

스마트워크 디렉터로 일하다 보면 유럽 기업들과 협업하면서 그들의 일하는 방식을 가까이서 경험할 기회가 많습니다. 그동안 한국의 스마트워크도 기술과 제도의 도입을 넘어 인식의 전환 단계까지 오면서 유럽과의 격차가 많이 줄었습니다. 그러나 스마트워크의 핵심이라고 할 수 있는 마인드셋이나 가치의 우선순위에서는 여전히 한국 기업과 유럽 기업 사이에 차이가 존재합니다.

저희가 유럽 기업과 함께 일을 하면서 느낀 대표적인 차이점 네 가지를 공유합니다.

문제를 해결하는 방법

　조직에 문제가 발생했을 때, 한국 기업들은 보통 사람을 통해서 문제를 해결하려는 경향이 있습니다. 문제가 발생한 지점의 담당자를 찾아내 면담을 하기도 하고, 담당자가 명확하지 않을 경우에는 어느 팀의 문제인지, 그 팀의 누가 문제인지까지 찾아내 잘못을 추궁하기도 합니다. 이렇게 문제의 원인으로 지목된 사람에게는 특별 면담이나 교육, 혹은 징계가 내려집니다. 심하면 팀의 책임자나 팀원이 전격 교체되는 경우도 있습니다.

　하지만 유럽 기업들은 문제가 발생했을 때 다른 접근 방식을 취합니다. 문제의 원인을 사람이 아닌 시스템에서 찾으려고 합니다. 사람을 통해 문제를 해결하는 한국 기업과 다르게 접근하는 이유는 간단합니다. 사람이 원인이 되어 발생하는 문제는 극소수이며 만약 그렇다고 해도 이를 구조적으로 해결하지 못하면 같은 문제가 반복되기 때문입니다. 정말 사람이 문제라면 이는 채용의 실패를 의미하기 때문에 더더욱 한 개인의 처벌로 마무리돼서는 안 된다고 생각합니다.

　사람을 통해서 문제를 해결하는 것은 빠르고 쉬워 보이지만 그 효과는 미미합니다. 문제의 근본 원인을 제거하지 못한 채 문제가 발생한 지점의 담당자에게만 처벌이 가해지면 더 큰 문제가 발생할 수 있습니다. 그래서 어떤 유럽 회사들은 문제가 생겼을 때 '실패 부검'을 합니다. 실패로 끝난 프로젝트나 문제가 발생한 지점의 관련자들이 함께 모여 근본적인 원인과 그 대책을 논의하는 겁니다. 실패 부검의 목적은 처벌할 대상을 찾는 게 아니라 문제의 해결점을 찾는 것입니다. 통합적이면서도 투명한 논의를 거치면서 표면적인 원인 너머의 근본적인 실패 원인을 찾아냅니다. 그리고 이를 시스템적으로 개선할 방법도 이야기합니다. 비난과 처벌에 대한 두려움 없이 관련된 이슈와 정보가 공유되면서 현실적이고 효과적인 개선안을 도출할 수 있습니다.

'일'이 의미하는 범위

한국 기업과 유럽 기업은 구성원들이 '일'을 인식하는 범위도 차이가 있습니다. 한국 기업에서 일의 범위는 내가 책임져야 하는 업무로 한정됩니다. 한국 직장인들에게 '당신의 일의 범위가 어떻게 되느냐'고 물어보면 대부분은 본인이 직접 담당하고 있는 업무를 말합니다.

내가 담당하는 업무까지만 나의 일이 돼 버리면, 업무의 효율은 자연스럽게 개인 수준으로 한정됩니다. 조직 전체적으로는 비효율적인 프로세스라도 '내' 힘이 덜 들어가거나 '우리' 팀의 시간이 줄어들면 효율적이라고 생각하고, 심지어 개인의 업무 효율을 높이기 위해 조직 전체의 리소스 낭비를 방관하는 경우도 흔합니다.

대표적인 예가 보고받는 사람에 따라 중복으로 작성하는 보고서입니다. 보고를 받는 입장에서야 자신의 관심사에 맞춰 최적화된 보고서를 받아보는 것이 효율이겠지만, 이 한 사람의 효율을 위해서 수십 명의 직원이 같은 보고서를 여러 버전으로 다시 작업해야 합니다. 이런 방식의 중복 보고를 당연하게 생각하는 한국 기업은 어렵지 않게 찾을 수 있습니다.

하지만 유럽의 기업은 다릅니다. 그들에게 '일'이란 자신의 책임과 권한이 있는 영역을 넘어 조직 전체의 목적을 의미합니다. 현실적인 실행을 위해 각자가 맡은 책임과 권한은 있지만, 그 일을 하는 궁극적인 목적은 개인적인 책임의 영역을 넘어 더 높은 곳에 있다고 생각합니다. 그렇다 보니 개인의 효율만큼이나 조직 전체의 효율을 중시합니다.

한번은 서울에서 열린 서울 스마트워크 위크 행사에 유럽의 스마트워크 컨설턴트이자 《언리더십》의 저자인 닐스 플래깅을 초대한 적이 있습니다. 일주일간의 빡빡한 일정을 마치고 닐스 플래깅이 출국하는 날, 저희 스태프가 그를 자가용으로 공항까지 데려다주겠다고 제안했습니다. 하지만 닐스 플레깅은 그 제안을 거절했습니다. 자기는 자가용으로 가나 공항 리무진을 타고 가나 별 차이가 없기 때문에, 굳이 스태프가 공항을 왕복하느라 시간을 버릴 필요가 없다는 이유에서였습니다. 거절은 단호했지만, 그 이유는 합리적이었습니다.

조직을 바라보는 관점

한국 기업과 유럽 기업은 조직을 바라보는 구도에서도 차이를 보입니다. 젊은 기업들을 중심으로 많이 바뀌고는 있지만, 여전히 한국 기업은 조직을 경쟁의 구도로 인식합니다. 이런 사고는 조직 안에서도 만연해서 부서 간의 경쟁을 대놓고 자극하는 회사도 있습니다. 이렇게 내부 경쟁의 결과를 보상과 연결하는 회사에서는 다른 부서가 초과 성과를 내지 못하도록 은근히 상황을 조종하는 경우도 많습니다.

부서 간의 경쟁의식은 직원들은 서로를 잠재적인 경쟁자로 바라보게 만들고, 조직 전체의 성과보다는 조직 내에서 비교 우위에 온 에너지를 쏟게 만듭니다. 비즈니스는 전쟁판이고, 전쟁에서는 승자만 살아남는다는 말을 마치 조직 생활의 진리인 양 설파하는 상사를 여러분도 한 번쯤은 만나 보셨을 겁니다.

물론 유럽 기업도 경쟁이 필요하다고 생각하며 때로는 이겨야 한다는 것도 압니다. 하지만 모든 비즈니스를 경쟁 구도로 바라보지는 않습니다. 오히려 협업을 통해 시장의 규모를 확장하고, 그 안에서 공정한 분배를 실현하고자 노력합니다. 물론 이해관계가 복잡하게 얽혀서 협업보다 경쟁을 전략으로 삼는 기업도 있지만, 저희가 함께 일한 대다수의 유럽 기업은 조직을 협업 구도로 바라보고 있었습니다. 상대의 이익을 빼앗아 내 이익을 키우기보다 공동의 이익을 극대화한 다음에 이를 공정하게 나누려고 한다는 뜻입니다.

이렇게 실질적인 협업이 가능하게 하려면 각자의 니즈를 명확하게 밝혀야 하고, 보안에 문제가 되지 않는 수준에서 현 상황을 공유하는 것도 중요합니다. 때로는 이런 점 때문에 유럽 기업과 한국 기업 사이에 갈등이 발생하기도 합니다. 원하는 것을 다 주면 나중에 이용당할 수 있다고 생각하는 한국 기업이 정보 공유에 소극적이기 때문입니다. 본격적인 파트너 계약을 체결한 이후에도 간을 보면서 정보를 공유하거나 반대로 계약이 체결되기도 전에 유럽 기업에 무리한 정보를 요구하는 경우가 있습니다.

업무 속도와 완성도

한국 기업과 유럽 기업은 업무 속도에서도 차이가 있습니다. 유럽에 비해 한국인들은 속도를 매우 중요하게 생각합니다. 일을 언제 끝낼 수 있는지에 따라 프로젝트 수준 여부가 결정되기도 하지요. 어떤 회사에서는 일단 리더가 완성 날짜를 먼저 결정하면 실무진들이 그 안에 일정을 무리하게 끼워 넣는 것이 일상입니다. 그렇게 타이트한 일정 안에서 일을 마치는 것을 능력이라고 생각하는 리더도 많습니다.

이런 한국 회사와 일해 본 유럽인들은 한국인들의 빠른 업무 속도에 놀라움을 금치 못합니다. 지나치게 타이트한 업무 일정에 걱정하기도 하고 대놓고 일정 변경을 요구하는 경우도 흔합니다.

왜 한국은 무리한 일정을 당연하게 생각하고, 유럽은 그걸 리스크라고 생각할까요? 단순한 문화 차이처럼 보이지만 여기에는 같은 일을 바라보는 다른 태도와 가치관이 반영돼 있습니다.

한국 기업에서 업무 속도를 결정하는 것은 사람입니다. 일의 범위도 '내가 맡은 업무'로 한정되기 때문에 내 일을 빨리 끝내는 게 중요합니다. 비즈니스를 경쟁 구도로 바라보는 한국에서는 속도 경쟁에서 이겨야 살아남을 수 있기 때문에 무리한 일정도 어떻게든 맞추려고 합니다. 한국 기업에 무리한 일정은 일종의 경쟁력이자 능력입니다.

유럽은 좀 다릅니다. 일의 속도를 결정하는 것은 시스템이고, 한쪽에서 일을 빨리 끝내도 이로 인해 완성도에 문제가 생기면 전체적으로 속도가 느려진다고 생각합니다. 게다가 비즈니스를 경쟁 구도로 바라보지 않기 때문에 무리해서 일을 먼저 끝내려고 하지도 않습니다. 이런 유럽 기업에 무리한 일정은 리스크이자 비효율입니다.

일을 대하는 태도에는 정답이 없어서, 한국 기업과 유럽 기업 중 어느쪽이 더 낫다고는 말할 수 없습니다. 시장의 변화가 지금처럼 빠르지 않았던 2000년 이전이나, 코로나19 때문에 전 세계의 경제에 비상등이 켜졌을 때는 한국 기업의 업무 방식도 이점이 많았기 때문입니다. 하지만 장기적인 관점에서 어느 쪽이 좀 더 시대에 적합하냐고 묻는다면 스마트워크 디렉터인 저는 후자라고 답할 것 같습니다. 스마트워크 시대에 생존을 보장하는 유일한 전략은 지속 가능성이고, 지금의 조직은 제로섬 게임의 말이 아니라, 풍부한 자원을 가진 자연 속의 유기체에 더 가깝기 때문입니다.

포스트 코로나 시대를 리드할 MZ세대

알파세대, Z세대, 밀레니얼세대, X세대, 베이비부머.

이 단어들은 2020년 현재를 살고 있는 세대를 부르는 용어입니다. 알파세대는 디지털이 본격적으로 자리 잡은 2010년 이후에 태어난 세대를 의미하고, Z세대는 1997년 이후의 디지털 네이티브 세대를 의미합니다. 밀레니얼세대라고도 불리는 Y세대는 1980년 이후에 태어나 디지털로 사회생활을 시작한 세대이고, 이 세대 전에는 아날로그의 삶을 살다가 최근 디지털 문명을 접한 X세대와 베이비부머가 있습니다.

나이대가 같다고 해서 가치관과 경험이 같다고는 할 수 없지만, 그럼에도 세대는 태어난 년도로 정해집니다. 세상에 태어나 처음 접한 세상이 어땠는지가 인간의 삶에 대한 태도와 가치관에 큰 영향을 미치기 때문입니다.

알파세대*(2010년 이후)*

Z세대*(Generation Z, 1996년 이후)*

Y세대*(Millennials, 1981년 이후)*

X세대*(Generation X, 1965년 이후)*

베이비부머*(Baby Boomers, 1946년 이후)*

사일런트세대*(Silent Generation, 1945년 이전)*

1950년대 전쟁이 막 끝난 시점에 태어난 저의 아버지는 유독 음식에 대한 애착이 강합니다. 냉장고의 음식이 곧 상할 것 같아서 제가 버리려고 하면, 어김없이 한소리를 하시지요. 먹을 게 없어서 사람이 죽는 시대가 아니라는 걸 머리로는 알지만, 어린 시절 음식을 귀중하게 다뤘던 경험과 그때 생성된 가치관 때문에 멀쩡한 음식이 버려지면 불편한 마음이 드는 건 어쩔 수 없는 것 같습니다.

한편 주말 가족 식사 시간에도 스마트폰을 만지작거리는 10대 조카들을 보면 아버지는 걱정스러운 표정을 짓습니다. 요즘 아이들에게는 스마트폰이 신체의 일부라는 걸 이해할 수 없기 때문입니다. 한번은 어린 조카가 어른들의 대화를 듣다가 모르는 용어를 스마트폰으로 검색한 적이 있는데 '대화 중에 폰이나 만지작거리는' 버릇없는 아이로 오해를 받은 적도 있었습니다.

이렇게 세대 차이로 인한 가치관과 행동 양식의 차이는 극히 자연스러운 것으로, 가정은 물론이고 일터에서도 흔한 일입니다. 세대 차이는 옳고 그름의 문제가 아니라 같은 것을 바라보는 관점의 차이라서 여러 세대가 함께 일하기 위해서는 서로의 시각을 이해하려는 의식적인 노력이 필요합니다.

내가 속한 세대와는 다르게 행동하는 세대를 보면서 '하여튼 요즘 것들은…', '하여튼 구세대들이란…'이라며 폄하하는 것은 어느 쪽에도 도움이 되지 않습니다. 오히려 그들은 우리와 어떻게 다른지 관찰하고, 왜 그렇게 행동하는지 이유를 물어보면 이해의 실마리를 얻을 수도 있습니다.

이번 장에서는 어느 조직에서나 실무의 중심에 있는 MZ세대(밀레니얼 세대와 Z세대)의 특징에 관해서 이야기해 보려고 합니다. 왜 하필 이 둘이냐고요? 스마트워크는 현재를 위한 것이기도 하지만 궁극적으로는 조직의 미래를 위한 혁신이기 때문입니다. 조직에서 밀레니얼세대와 Z세대가 차지하는 비중은 앞으로 점점 높아질 것이기 때문에 이들의 업무 방식과 가치관을 이해하지 않고 성공적인 스마트워크를 기대하기는 어렵습니다.

다음은 저희와 스마트워크 프로젝트를 진행한 기업에서 MZ세대 직원들과의 직접 인터뷰를 통해서 분석된 내용입니다.

협업에 능합니다

MZ세대는 처음 만난 사람들과도 빠르게 협업하는 데 익숙합니다. 처음 보는 사람들과 팀이 되는 것을 꺼리지도 않고, 팀원들이 친해지는 데 많은 시간이 걸리지도 않습니다. 초반에는 협업의 목적이나 이해관계를 까다롭게 확인하지만, 한번 합의점에 이르면 그다음부터는 매우 협조적입니다.

MZ세대는 혼자서 성과를 만들어 내는 것보다 각 분야의 전문가들과 함께 높은 수준의 결과를 만드는 걸 선호합니다. 물리적으로 '함께' 일하는 차원을 넘어서 각자의 전문성을 화학적으로 결합해 시너지를 만들기를 기대하지요. 그래서 직장을 선택할 때도 역량 있는 동료들과 일할 수 있는 환경인지가 중요합니다. 만약 조직 내 상사나 동료에게 배울 것이 없다고 판단하면 과감하게 퇴사를 결정하기도 합니다.

협업에 능한 MZ세대의 특징은 그 대상이 사람으로만 한정되지 않습니다. 이들은 다양한 온라인 툴이나 기계와의 협업 역시 능숙합니다. 프로젝트의 규모와 상관없이 가용한 온라인툴을 활용해 보길 원하고, 이런 과정을 통해 스스로 배우고 성장할 수 있다고 믿습니다.

실제로 저희도 MZ세대가 다수인 프로젝트에서는 글로벌 협업 툴인 슬랙이나 노션을 주요 툴로 사용합니다. 어떤 팀원은 연사 프로필 같은 간단한 리스트를 만들 때도 구글 공유 문서를 활용했는데, 덕분에 불필요한 정보 전달 커뮤니케이션이 사라졌고 추후 연사 정보를 검색하는 DB로도 활용할 수 있었습니다.

이런 MZ세대와 함께 일하면 초반에는 함께 사용할 협업 툴도 다운로드받아야 하고, 이해관계도 일일이 조율해야 해서 시간이 좀 걸리는 건 사실입니다. 하지만 한 번 협업을 시작하면 몇 년 동안 합을 맞춘 팀처럼 정보 전달 속도도 빠르고 커뮤니케이션도 투명해서 결과적으로는 빠른 시간 안에 성과를 낼 수 있습니다.

메타인지가 높습니다

MZ세대가 이전 세대들에 비해서 메타인지가 높다는 점도 인터뷰를 통해 드러난 특징입니다. 쉽게 말하면, 자신의 입장이나 업무 성과를 객관화하는 능력이 뛰어납니다. 의사 결정을 내릴 때도 주관적인 의견보다는 객관적인 자료에 근거해서 판단하려고 합니다.

한번은 신규 서비스의 가격을 정하는 미팅에 MZ세대 멤버들이 참여했는데요, 경험과 직관으로 가격을 제안하는 X세대와는 달리 MZ세대들은 유사 서비스의 가격 정책 실패 사례와 실제 가격 변동 데이터를 근거로 결론을 내리려는 경향이 있었습니다. 서로의 의견에 '근거가 뭔가요?'라고 묻는 것도 자연스러워 보였습니다.

물론 MZ세대의 '합리적' 의사 결정이 언제나 맞았던 것은 아닙니다.

시시각각 변화하는 시장은 정답을 허용하지 않고, 아무리 합리적인 결론이라도 모든 변수를 반영할 수는 없으니까요. 하지만 MZ세대는 자신의 결론이 틀릴 수 있다는 유연성도 전 세대들보다 높았습니다. 이런 특징 때문에 MZ세대와 일을 하면 불편한 갈등 상황에 부딪히는 경우가 적습니다. 어떤 사안에 대해 의견이 충돌할 때, 자신의 입장에서 주장을 피력하기보다는 '그럼 양쪽을 테스트해서 결과를 비교해 보자'며 객관적인 방법을 제시하기 때문입니다.

하지만 MZ세대의 데이터 중심적 사고는 종종 이전 세대의 오해를 사기도 합니다. 한번은 부서 단체 카톡방에서 '스세권'이라는 용어가 나왔습니다. 이 말을 처음 들어 본 50대의 부서장은 '아까 손 대리가 말한 스세권이 뭐야?'라고 메시지를 보냈습니다. 이 메시지를 읽은 손 대리는 지체 없이 카톡에 '#스세권'이라고 답을 보냈습니다. 자기 맘대로 뜻을 설명하는 것보다 객관적인 검색 결과가 더 정확할 거라고 생각했기 때문입니다.

그러나 부서장의 생각은 달랐습니다. '부서장님~ 스세권은 스타벅스의 스와 역세권의 세권이 합쳐진 말인데요~ 스타벅스가 걸어서 갈 만큼 가까운 지역을 의미하는 신조어랍니다~!' 같은 친절한 설명을 기대한 부서장에게 손 대리의 답변은 너무나 성의가 없어 보였습니다. 상사에게 더 정확하고 객관적인 정보를 전달하기 위한 의도였다는 건 상상도 못 했다고 합니다.

빠른 피드백이 일상입니다

빠른 피드백을 선호하는 것도 MZ세대의 특징입니다. 격의 없고 직접적인 소통이 가능한 소셜 네트워크에 익숙한 MZ세대들은 이전 세대에 비해서 커뮤니케이션의 속도가 빠릅니다. 일할 때도 업무가 진행되는 과정을 메신저로 빠르게 공유하고, 그에 대한 피드백도 빠릅니다. MZ세대에게 피드백의 속도는 퀄리티만큼이나 중요합니다. 그래서 MZ세대에게 피드백을 줄 때는 쌓아 뒀다 한 번에 주기보다는 그때그때 짧게 메신저로 전하는 게 좋습니다.

피드백을 꼭 받아들일 거라는 기대도 버리는 게 좋습니다. 다양한 피드백에 오픈 마인드인 만큼 그 피드백을 수용하는 것도 선택이라고 생각하기 때문입니다. 상사의 피드백은 곧 업무 지시라고 생각하는 이전 세대에 비해 MZ세대가 느끼는 피드백의 무게는 훨씬 가볍습니다. 그래서 가치 있는 피드백을 받았다고 생각하면 적극적으로 질문을 던지지만, 그렇지 않다고 생각하면 '의견 감사합니다'라며 선을 긋기도 합니다.

MZ세대 멤버들이 다수 참여한 스마트 오피스 프로젝트를 진행할 때였습니다. 임원들을 대상으로 1차 평면도 리뷰 미팅을 진행했는데, 당시 사옥에는 없던 라운지에 대한 임원들의 피드백과 아이디어가 상당히 많았습니다. 다음 날 프로젝트 멤버들은 임원들의 피드백을 반영할 최종 평면도 미팅을 진행했는데요, X세대가 다수인 부서장들은 임원들의 피드백을 모두 반영하려고 하는 반면 MZ세대 실무진들은 꼭 필요한 몇 가지만 반영하길 원했습니다. 세대에 따라 피드백의 무게감이 얼마나 다른지 확인할 수 있는 경험이었습니다.

사생활을 중시합니다

프라이버시는 MZ세대와 일할 때 가장 세심하게 다뤄야 할 부분입니다. 개인보다 조직이 먼저고, 일을 위해서라면 개인의 삶을 희생할 수 있다고 생각하는 X세대나 베이비부머가 일터에서 MZ세대와 가장 많이 갈등하는 지점이 바로 프라이버시 이슈입니다.

MZ세대가 생각하는 프라이버시의 영역은 이전 세대들의 생각보다 훨씬 광범위합니다. 일과 직접적으로 관련된 것이 아니면 모두 포함된다고 생각하면 쉽습니다. 주말을 어떻게 보냈는지, 여자 친구와는 관계가 좋은지, 여름 휴가를 어디로 갈 건지 묻는 것조차 Z세대에게는 직장에서 언급하기 껄끄러운 사생활의 영역일 수 있습니다. 그래서 MZ세대는 직장 상사가 인생이나 사생활에 대해서 요청하지도 않은 조언을 하면 달가워하지 않습니다. 회사 안에서의 관계와 밖에서의 관계는 별개라고 생각합니다.

또한 MZ세대는 사전 약속도 없이 근무 시간 외에 걸려오는 전화를 비매너라고 생각합니다. 대기업 경영지원 부서에서 일하는 30대 직장인과의 인터뷰에 의하면, 퇴근 후의 업무 전화는 주말에 연락도 없이 집에 찾아오는 손님만큼이나 불편하다고 합니다. 이런 현상이 심해지면 사소한 전화 통화도 기피하게 되는 '콜포비아(Call Phobia)' 상태가 되는데, MZ세대에서 어렵지 않게 발견할 수 있는 증상입니다.

프라이버시에 예민한 MZ세대의 모습은 다른 세대의 눈에는 지나치게 개인적으로 보일 수도, 차갑게 느껴질 수도 있습니다. 그러나 다르게 해석하면 회사에서는 업무와 관련한 일에만 집중하겠다는 프로페셔널로 생각할 수도 있고, 커리어도 지키고 개인의 삶도 잃지 않겠다는 균형 감각으로 받아들일 수도 있습니다.

조직에 뼈를 묻지 않습니다

자기 주도성은 MZ세대를 가장 잘 표현하는 단어 중에 하나입니다. 회사라는 '조직'을 중심으로 인생을 설계했던 이전의 세대들과 달리 MZ세대의 삶의 중심에는 회사가 아닌 '개인'이 있습니다. 조직이라는 거대한 틀에 자신을 끼워 맞추기보다 타고난 고유함을 살려 자신만의 틀을 만들어 나가는 세대입니다.

MZ세대가 이런 특징을 가진 데는 인터넷의 영향이 컸습니다. 온라인을 통해 다양한 사람들을 접하면서 일찍이 다양성의 개념을 획득한 데다, SNS에서 자신의 욕구를 표현하며 타인의 모습을 있는 그대로 받아들이는 데도 익숙합니다. 또한 대규모 기업들이 하루아침에 무너지는 것을 일상처럼 목격한 세대라 그런지 조직에 자신의 미래를 걸기보다는 조직과 별개로 자신의 역량을 강화하는 데 힘을 쏟습니다.

이런 MZ세대들에게 직장은 뼈를 묻어 충성할 곳이 아니라 평생을 가져갈 커리어 프로세스 중 일부일 뿐입니다. 일부 MZ세대들은 구직 인터뷰에서조차 "저는 2년간 빡세게 PO(Product Owner) 업무를 배운 다음에 제 사업을 시작하고 싶어요"라고 솔직하게 말하기도 합니다. 직책이 있는 MZ세대 중에는 평일엔 정규직으로 일하면서 주말에는 한두 개의 사이드 잡을 갖는 자발적 N잡러도 적지 않습니다.

업무 만족도와 성과의 키워드 '연결'

코로나19가 일터에 끼친 영향력을 한마디로 표현한다면 단연 '연결'이 아닐까 생각합니다. 준비되지 않은 상태에서 갑작스레 시작한 재택근무를 통해 그동안 막연하게 느꼈던 조직 내 '연결'의 실체가 드러났기 때문입니다.

잦은 워크숍과 회식으로 직원들의 연결 하나는 자신 있어 했던 한 기업은 재택근무가 시작되자마자 비상이 걸렸습니다. 이전처럼 상사의 지시가 즉각 내려지지 않자 팀원들은 노트북 앞에서 무슨 일을 먼저 해야 할지 몰랐습니다. 메신저나 메일로 업무를 지시해 본 적 없는 리더들도 혼란스러워하기는 마찬가지였습니다. 그래서 초기 며칠 동안 팀원들은 밀린 파일 정리를 하며, 리더들은 시간별 업무 일정만 체크하며 보냈습니다.

반면 회식이나 단합 대회는 거의 없었지만, 업무에서만은 과하다 싶을 만큼 구성원들의 커뮤니케이션이 많았던 다른 기업은 재택근무를 시작해도 이전과 별 차이가 없었습니다. 업무 공간이 사무실이든 각자의 집이든 업무적으로 확실히 연결돼 있었기 때문입니다. 실무자들은 팀 메신저를 통해 상시로 업무 내용을 공유했고, 리더 역시 전처럼 주 1~2회의 메일을 통해 팀의 방향을 확인했습니다. 달라진 게 있다면 사무실에서 하던 회의가 화상으로 바뀌었다는 것뿐이었습니다.

코로나19가 장기화되거나 이와 비슷한 상황이 또 발생하면 구성원들의 업무적인 연결 강도는 조직의 생존 여부와 직결될 수도 있습니다. 일하는 공간과 시간의 한계가 사라질수록 중요성이 더 커지는 조직의 '연결'은 어떻게 만들어지고 또 강화되는 걸까요?

연결이라고 다 같은 것이 아니다

일터에서의 연결은 크게 형식적 연결, 실질적 연결, 의미적 연결이 있습니다.

형식적 연결이란 외적으로 드러난 조직도나 사무실 배치도상에서 얼마나 가깝게 있는가를 의미합니다. 같은 부서에서 일한다거나 같은 사무실을 쓰면 형식적 연결이 높다고 볼 수 있습니다. 실질적 연결은 업무적인 응답이나 피드백을 얼마나 빨리 획득할 수 있는가에 관한 것입니다. 형식적 연결과는 비례 관계일 것 같지만 실제 조직 내의 커뮤니케이션을 관찰해 보면 그렇지만도 않습니다. 의미적 연결은 구성원들이 의미적으로 연결된 상태를 의미합니다. 여기에서의 의미란 하는 일의 비전이나 목적의식과 관련된 것으로 팀원들이 친하고 편한 관계인 것과는 별개입니다.

형식적 연결과 실질적 연결

코로나19 이전 모든 직원이 매일 출근을 하던 시절, H 회사에서는 직속 팀장이나 부서장에게 업무 컨펌을 받으려면 하루 대기는 기본이었습니다. 사무실은 같았지만 리더들이 회의와 서류 작업에 바빠서 일과 관련된 피드백을 받기는 쉽지 않았습니다. 하지만 코로나19 기간에는 반대였습니다. 재택근무를 하느라 만나지는 못했지만, 메신저나 이메일로 요청한 업무는 1~2시간 이내에 답변을 받을 수 있었습니다. 급한 업무는 메시지를 보내자마자 즉시 결재를 받는 경우도 있었습니다. 무궁화호였던 업무의 진행 속도가 KTX급으로 빨라졌습니다.

H 회사는 코로나19 이전과 이후, 형식적 연결과 실질적 연결은 어떻게 변했다고 볼 수 있을까요? 형식적 연결은 사무실에서 같이 일할 때가

훨씬 강하지만, 실질적인 연결은 재택근무를 할 때가 더 높습니다. 쉽게 말해서 멀리 떨어져 있었지만 오히려 업무적인 응답이나 피드백은 빨라졌다는 의미입니다. 실질적 연결이 빨라지면 직원들은 일이 돌아간다고 느끼고 일에 대한 재미도 높아집니다. 실질적 연결성은 구성원들의 업무 만족도와도 비례합니다. 업무의 피드백 속도를 좌우하는 실질적 연결은 MZ세대가 공통적으로 말하는 '좋은 리더'의 자질이기도 합니다.

최근 발전하고 있는 업무용 메신저나 다양한 협업 도구는 조직의 실질적인 연결을 강화하는 데 크게 기여합니다. 업무용 메신저에서는 메일을 쓸 때처럼 형식에 매일 필요도 없고 상대가 메일을 확인할 때까지 기다릴 필요도 없어서 자연스럽게 '용건은 간단히, 답변은 신속히'가 이뤄집니다. 상사의 피드백을 받는 데 걸리는 시간도 길어 봐야 1~2시간이고, 대부분은 즉시 받을 수 있습니다. 대기 시간이 짧아지니까 업무의 병목이 제거되고 그 짧아진 시간만큼 직원 간의 연결은 강해집니다.

의미적 연결

의미적 연결은 구성원들이 조직의 비전이나 목적에 얼마나 깊게 의미를 접속하고 있는가에 관한 것입니다. 일을 하다 보면 바쁘게 움직이고는 있는데 왜 이걸 하는 건지 혼란스러울 때가 있습니다. 상사의 지시대로 일하는데도 결과에 만족스럽지 않을 때도 있지요. 상사는 팀원들이 생각 없이 일한다고 불평하고, 팀원들은 자신이 뭘 하고 있는지 모르겠다며 회의감을 느낍니다. 의미적 연결이 이뤄지지 않은 경우입니다.

형식적 연결이 조직의 안정감을 높이고, 실질적 연결이 구성원들의 업무 만족도를 높인다면, 의미적 연결은 조직 전반의 성과를 높입니다. 세 가지의 연결은 모두 중요하지만, 조직의 지속 가능성을 위해서는 의미적 연결을 높이는 것이 중요합니다. 특히 코로나19 이후 리모트워크를 도입한 상태라면 말할 것도 없지요. 그렇다면 조직의 의미적 연결은 어떻게 강화할 수 있을까요? 구성원의 성과를 높이는 연결을 위해서는 아래 세 가지가 필요합니다.

첫째, 구성원들이 '왜(Why)'를 알아야 합니다. 내가 지시받은 이 업무의 목적은 무엇인지, 왜 내가 그 일을 해야 하며, 궁극적인 목적이 무엇인지 의미 접속이 돼야 한다는 뜻입니다. 소위 '일잘러'라고 불리는 하이퍼포머들은 이 의미 접속에 탁월합니다. 일 자체에 쏟는 에너지만큼이나 일의 목적을 개인적 의미로 연결하는 것에 집중합니다. 일하는 이유를 찾으면 자연스럽게 열정이 생기고 그것이 성과를 만드는 에너지원이라는 걸 직감적으로 알고 있는 겁니다.

둘째, 일의 '맥락(Context)'을 알아야 합니다. 어떤 과정을 거쳐서 일이 여기까지 왔는지, 어떤 배경으로 일이 진행돼 왔는지를 이해하는 겁니다. 맥락을 알아야 업무를 입체적으로 이해할 수 있고, 앞으로 어떻게 진행될지도 예측할 수 있습니다. 특히 업무의 히스토리를 이해하는 것은 구성원들의 연결감을 높이는 데 도움이 됩니다.

셋째, 지속적인 '업데이트(Update)'가 필요합니다. 시시각각 변하는 업무 상황을 구성원들이 실시간으로 공유받아야 한다는 의미입니다. 어제 제출한 기획서에 대해서 임원들은 어떤 피드백을 줬는지, 오늘 부서장 회의에서 결정된 사항 중에 우리 업무와 관련된 것은 없는지, 최근 우리 팀과 관련해서는 어떤 컴플레인이 들어오는지, 이런 내용을 구성원들이 시차 없이 공유해야 의미적인 연결이 높아집니다.

만약 여러분이 일주일 내내 결재를 기다리고 있던 프로젝트가 깨졌다는 소식을 직속 상사가 아닌 다른 부서 직원에게 먼저 듣는다면 기분이 어떨까요? 내 일의 진행 상황을 내가 모른다는 무기력감과 좌절감을 느끼는 것은 물론 상사에 대한 신뢰에도 흠집이 생기는 게 당연합니다. 조직에서 이런 상황이 반복되면 구성원들은 함께 일하고 있다는 연결감을 갖기가 어렵습니다.

2019년 대대적으로 업무 공간을 리뉴얼한 마이크로소프트 네덜란드 지점은 이번 리뉴얼의 키워드를 '경계 없는 연결'로 정했습니다. 2000년 초반의 리뉴얼이 직원 간의 연결을 목적으로 했다면 2019년의 리뉴얼은 회사 내부와 외부의 연결을 향해 있었습니다. 이번에 리뉴얼한 사무실을 분석해 보니 외부인도 접근 가능한 공간이 전체 건물의 3분의 2나 됐습니다. 경계 없는 연결이야말로 한 치 앞을 알 수 없는 뷰카 시대의 유일한 생존 전략이라는 걸 마이크로소프트는 이미 알고 있었던 겁니다.

조직 내부의 사일로를 허물자는 구호는 옛말이 됐습니다. 나날이 발전하는 클라우드 기술과 저렴한 비용 덕분에 조직 구성원들 사이의 연결은 선택이 아니라 디폴트가 된 지 오래이기 때문입니다. 이제 관건은 조직의 한계를 넘은 초연결의 강도입니다. 즉 우리 조직에 없는 전문성을 얼마나 빠르고 안정적으로 외부에서 수급할 수 있는지, 소속이 다른 사람들이 어떻게 하나의 팀처럼 빠르게 소통할 수 있는지가 지속적인 경쟁 우위를 결정하고, 이것이 곧 글로벌 시대의 경쟁력이 된다는 의미입니다. 이제 '연결'은 옵션이 아니라 생존을 위한 필수 요건입니다.

조직과 개인은
무엇을 준비해야 하는가?

대한민국에서 '스마트워크'라는 이름으로 일하는 방식의 변화가 시작된 지 벌써 10년이 지났습니다. 정부 주도로 스마트워크가 처음 시작된 2010년에는 수천만 원대의 화상 회의실 구축과 개인 디바이스 보급에 방점이 있었고, 기업 스스로 스마트워크의 필요성을 느끼기 시작한 2016년 이후부터는 업무 환경을 혁신하는 스마트 오피스로 무게 중심이 이동했습니다. 코로나19로 스마트워크가 뉴노멀로 급부상한 2020년에는 업무 시간과 장소의 제약을 없애는 리모트워크로 그 범위가 확장됐습니다.

이제 어느 조직도 스마트워크를 단순한 트렌드라고 말하지 않습니다.

스마트워크는 일하는 방식의 진화이자 일터의 시대정신이 되어 리더십에서 채용에 이르기까지 광범위한 영역에서 영향력을 발휘하고 있습니다. 이런 시대를 맞아 조직과 개인은 각각 어떤 준비를 해야 할까요?

우선 조직은 업무설계, 인재확보, 조직 문화 영역에서 기존의 고정 관념을 탈피해 새로운 시각으로 제도와 방향성을 정비할 필요가 있습니다.

온라인 기반의 업무 재설계

온라인은 오프라인의 대체 수단이라는 생각을 넘어, 기존의 오프라인 중심의 업무를 온라인 기반으로 다시 설계해야 합니다. 새로운 프로젝트를 시작하거나 기존 업무를 디벨롭할 때 처음부터 온라인을 디폴트로 설계하고 운영하는 겁니다. 예를 들어, 한 달 내내 연수원에서만 진행되던 리더급 교육을 3주의 온라인 교육과 1주의 오프라인 워크숍으로 다시 기획할 수 있습니다. 서류 전형 이후에는 오프라인으로만 진행하던 정기 공채를 최종 면접만 제외하고 모두 온라인으로 전환하는 것도 가능합니다.

아직은 '비대면'이라는 개념이 낯선 사람도 많고 관련 기술도 익숙지 않아서 기존의 업무를 온라인상에서 진행하는 게 다소 불편할 수 있습니다. 하지만 기술은 계속 쉬워지고, 사람들은 빠르게 온라인 툴에 익숙해지고 있습니다. 이런 추세라면 2~3년만 지나도 온라인에서의 업무 효율은 오프라인과 비교되지 않을 정도로 높아질 것입니다. 이때를 준비하는 차원에서라도 서서히 업무의 무게 중심을 오프라인에서 온라인으로 전환하는 것이 필요합니다.

빌려 쓰는 인재

조직이 인재를 소유한다는 생각을 넘어, 어떻게 수많은 인재와 적시에 협업할 수 있을지를 고민해야 합니다. IT 기술이 발전해서 원격 업무의 효율이 오프라인보다 월등히 높아지고, 리모트워크가 뉴노멀이 돼서 출근의 개념이 없어도 업무가 가능해지면 채용의 물리적 한계는 사라집니다. 그러면 역량 있는 인재일수록 한 조직에 머물기보다 여러 기업과 동시에 일하기를 원할 겁니다. 인재의 입장에서 보면 자신의 성장과 지속 가능성을 위해서도 이는 자연스러운 선택이지요. 이런 상황에서는 인재를 조직 안으로 영입하기 위해 노력하는 것보다, 어떻게 글로벌 인재 풀에 접근해서 어떤 구도로 협업할지를 모색하는 것이 더 효과적입니다.

실제로 국내의 한 중견 기업에서는 새로운 블록체인 비즈니스를 위해 수개월간 인재 채용을 시도했지만, 회사가 원하는 수준의 역량과 경험을 가진 인재들은 하나같이 풀타임으로 소속돼 일하기를 원치 않았다고 합니다. 그래서 어쩔 수 없이 프로젝트별로 계약을 진행했는데, 시간이 지나고 보니 이런 방식이 회사와 인재 서로에게 윈윈하는 포인트가 있어서 3년째 이렇게 업무를 진행하고 있습니다.

자율성 극대화

마지막으로 조직은 복지와 워라밸의 차원을 넘어, 성과 창출의 차원에서 구성원들의 자율성을 극대화해야 합니다. 물리적인 공간에 모이지 않고도 일할 수 있는 시대, 정보의 흐름이 빠르고, 한 곳에서 다른 곳으로의 전환도 쉬워진 시대, 이런 시대에는 구성원들의 몰입과 로열티를 물리적으로 컨트롤하는 것이 불가능합니다. 조직의 비전을 중심으로 구성원 각자가 그것을 어떻게 달성할 수 있을지, 무엇을 해야 할지를 스스로 결정하고 실행해야만 합니다.

이것이 가능하게 하려면 구성원의 자율성이 높아야 합니다. 구성원 각자가 '성과를 내는 자기만의 방식'을 찾을 수 있도록 조직이 체계적으로 서포트해야 한다는 의미입니다. 보통 자율성을 높이는 방법은 새로운 것을 더하기보다 기존의 것을 제거하는 데 있습니다. '회사에 이익이 되도록 돈을 쓴다'는 기준만 남기고 비용의 사전 승인이나 보고 절차를 없앤 넷플릭스가 이런 철학을 잘 보여 줍니다.

여러분이 앞으로 10년은 더 실무에서 일할 예정이라면 전반적인 업무 역량을 높일 수 있는 기본기로 다음 세 가지를 제안합니다.

디지털 역량(Digital Literacy)

여러분이 지금 어떤 분야에서 어떤 업무를 하든지 현재 하는 일의 상당량은 온라인으로 전환될 것입니다. 리모트워크나 재택근무를 이야기하는 게 아닙니다. 아침 9시부터 저녁 6시까지 사무실에서 일을 해도 커뮤니케이션은 온라인에서 이뤄지고 결과물은 디지털로 만들어진다는 뜻입니다. 컴퓨터를 다루지 못하면 직장을 구하기 어려운 것처럼 앞으로는 디지털 툴을 다루지 못하면 함께 일하는 것이 불가능합니다.

앞으로 베타랩은 프로젝트 멤버를 채용할 때 디지털 역량이 부족한 지원자를 우선 필터링할 예정인데요, 구글 캘린더를 통해 인터뷰 일정을 잡고, 유튜브로 자기소개서를 받고, 줌을 통해 최종 인터뷰하는 방식을 고려하고 있습니다.

휴먼 스킬(Human Skills)

기술의 발전 속도가 빠른 건 사실이지만 인간의 직업 자체를 완전히 대체하는 데는 상당한 시간이 걸릴 것으로 보입니다. 하지만 시간이 오래 걸리는 단순 작업이나 반복적인 업무는 기계에 의해 쉽게 대체될 수 있습니다. 그렇다면 남는 건 두 가지입니다. 자동화된 작업을 기반으로 더 높은 가치를 만들어 낼 수 있는 기획력 혹은 창의력, 그리고 인간의 마음과 행동을 움직이는 휴먼 스킬입니다. 특히 휴먼 스킬은 자동화와 인공 지능이 발전할수록 중요성이 커지는 역량일 뿐 아니라 기계가 대체할 수 있는 마지막 영역으로 여겨집니다.

영어

업무에 필요한 스킬을 직접 가르쳐 주는 교육 방식은 점점 사라질 것입니다. 그러기에는 배워야 할 게 너무 많고, 업데이트 속도도 너무 빠르기 때문입니다. 앞으로는 원하는 스킬과 필요한 정보가 있을 때마다 빠르게 온라인으로 검색하고 스스로 학습해야 합니다. 그런데 웹상에 존재하는 콘텐츠 중에 한국어로 쓰인 콘텐츠는 얼마나 될까요?

웹과 관련한 방대한 리서치로 잘 알려진 W3Techs가 제공한 자료에 의하면, 2021년 4월을 기준으로 한국어로 쓰인 웹상의 콘텐츠는 불과 0.5%밖에 되지 않았습니다. 반면 영어로 된 콘텐츠는 전체의 61%가 넘습니다. 이 단순한 통계가 의미하는 것은 무엇일까요? 개인의 영어 실력은 곧 그 사람이 접근할 수 있는 정보의 양과 질을 결정한다는 사실입니다. 이미 영어는 단순한 외국어 능력을 넘어 높은 수준의 성과를 위한 기본 역량이 됐습니다.

영어	61.1%
러시아어	8.1%
터키어	3.9%
스페인어	3.7%
페르시아어	3.3%
프랑스어	2.7%
독일어	2.2%
일본어	2.0%
베트남어	1.7%
중국어	1.3%
아랍어	1.2%
포르투갈어	0.8%
그리스어	0.8%
인도네시아어	0.8%
이탈리아어	0.7%
우크라이나어	0.6%
폴란드어	0.6%
네덜란드어 · 플라망어	0.5%
한국어	0.5%
타이어	0.5%
히브리어	0.5%
체코어	0.3%
루마니아어	0.3%

웹 페이지에 사용된 언어(W3Techs, 2021)

스마트 '워크'를 넘어
스마트 '라이프'로

《언리더십》의 저자이자 독일의 스마트워크 컨설턴트인 닐스 플레깅은 변화와 혁신에 관한 다섯 가지 통찰을 이야기하면서, 사람들이 저항하는 것은 변화 그 자체가 아니라 변화하는 방법이라고 말했습니다. (Niels Pflaeging, 2018) 왜 변화하는지에 대한 설명도 없고, 변화의 방향성에 대한 큰 그림도 없고, 그 변화에 적응할 최소한의 시간과 자율성도 없는 변화는 직원들을 어린아이처럼 취급하기 때문에 저항과 반감을 생성한다는 것입니다.

스마트워크도 마찬가지입니다. 소수의 리더가 결정한 방법론을 일방적으로 직원에게 강요하면 큰돈과 많은 시간이 들어간 스마트워크는 자

첫 값비싼 이벤트가 돼 버릴 수도 있습니다. 조금 시간이 걸리더라도 스마트워크가 무엇인지, 우리 조직은 왜 스마트워크를 도입해야 하는지, 스마트워크를 통해 어떤 방향으로 나아가고자 하는지를 직원들과 공유하고 그들의 생각을 들어야 합니다. 그렇게 스마트워크의 첫걸음을 제대로 시작해야 시대가 요구하는 바로 그 방향으로 일하는 방식을 빠르고 효율적으로 전환할 수 있습니다.

스마트워크 디렉터로서 지난 10년간의 경험과 통찰을 담은 이 책이 여러분의 조직과 개인의 삶을 스마트하게 만드는 데 실질적인 도움이 됐기를 진심으로 바랍니다.

참고문헌

"패러데이(Paraday)." 패러데이 홈페이지. Accessed Jan 1, 2021, https://paraday.kr.

"WordPress owner Automattic to close office in San Francisco as not enough staff used it." Financial Express. Last Modified Jun 13, 2017, Accessed Jan 1, 2021, https://www.financialexpress.com/industry/wordpress-owner-automattic-to-close-office-in-san-francisco-us-as-not-enoough-staff-used-it/714901.

"REI to sell its never-used Bellevue headquarters and shift office work to multiple Seattle-area sites." The Seattle Times. Last Modified Aug 12, 2020, Accessed Jan 1, 2021, https://www.seattletimes.com/business/local-business/rei-to-sell-its-new-bellevue-headquarters-and-shift-office-work-to-multiple-seattle-sites.

"Paris Mayor Anne Hidalgo To Make Good On Pledge To Remove Half Of City's Car Parking Spaces." Forbes. Last Modified Oct 20, 2020, Accessed Jan 1, 2021, https://www.forbes.com/sites/carltonreid/2020/10/20/paris-mayor-anne-hidalgo-to-make-good-on-pledge-to-remove-half-of-citys-car-parking-spaces/?sh=484df7316ecf.

"인턴십도 온라인으로 LG전자의 파격 채용 실험." 한국경제. Last Modified Aug 4, 2020, Accessed Jan 1, 2021, https://www.hankyung.com/society/article/202008049813i.

Ben Waber, Jennifer Magnolfi, Greg Lindsay, "Workspaces That Move People." Harvard Business Review 2014 October (2014), https://hbr.org/2014/10/workspaces-that-move-people.

"MICROSOFT NETHERLANDS: FROM OFFICE BUILDING TO SMART TECHNOLOGY HUB." D/DOCK. Last Modified Nov 29, 2018, Accessed Jan 1, 2021, https://www.ddock.com/stories/microsoft-netherlands-from-office-building-to-business-community.

Tom Wujec. "Build a tower, build a team." TED Talks. Last Modified Feb 2010, Accessed Jan 1, 2021, https://www.ted.com/talks/tom_wujec_build_a_tower_build_a_team.

The Standish Group. CHAOS MANIFESTO 2013 (2013):6, https://www.immagic.com/eLibrary/ARCHIVES/GENERAL/GENREF/S130301C.pdf.

"Why Fast Fashion Becomes Fast Trash." WellWallet. Last Modified Jun 27, 2018, Accessed Jan 1, 2021, https://magazine.wellwallet.com/why-fast-fashion-becomes-fast-trash.

hitwise. FAST FASHION INDUSTRY 2017 (2017):5-6, http://hitwise.connexity.com/rs/371-PLE-119/images/Fast_Fashion_Report_US_Final.pdf.

"Coronavirus is Changing How We Spend Money - Part 2." Earnest Research. Last Modified Mar 25, 2020, Accessed Jan 1, 2021, https://www.earnestresearch.com/coronavirus-update-impact-on-consumer-spending.

"How the Virus Transformed the Way Americans Spend Their Money." The New York Times. Last Modified Apr 11, 2020, Accessed Jan 1, 2021, https://www.nytimes.com/interactive/2020/04/11/business/economy/coronavirus-us-economy-spending.html.

"Year-over-year change in short-term rental reservations on Airbnb due to the coronavirus (COVID-19) pandemic worldwide in the first quarter of 2020, by week." Statista. Last Modified Jun 19, 2020, Accessed Jan 1, 2021, https://www.statista.com/statistics/1114065/airbnb-reservations-coronavirus.

"Online Experiences." Airbnb. Accessed Jan 1, 2021, https://www.airbnb.com/s/experiences/online.

"Airbnb CEO: People are booking months-long stays." CNN Business. Last Modified Sep 4, 2020, Accessed Jan 1, 2021, https://edition.cnn.com/2020/09/03/business/airbnb-covid-pandemic-bookings/index.html.

"오렌지라이프, 애자일 조직 도입 1년 업무 효율 향상은 물론 직원들 워라밸까지". Orange Life Insurance. Last Modified Apr 18, 2019, Accessed Jan 1, 2021, https://www.orangelife.co.kr/bizxpress/home/ci/cp/no/190418.shtm.

장재웅, "오렌지라이프 조직 구조 변화." Donga Business Review no.295 (2020), https://dbr.donga.com/graphic/pop_print/gdbr_no/7774.

Anita Friis Sommer (2019) Agile Transformation at LEGO Group, ResearchTechnology Management, 62:5, 20-29, DOI: 10.1080/08956308.2019.1638486, https://www.iriweb.org/sites/default/files/Agile Transformation at LEGO Group.pdf.

CEB. Making Change Management Work (2016), https://www.cebglobal.com/content/dam/cebglobal/us/EN/best-practices-decision-support/human-resources/pdfs/making-change-management-work-whitepaper1.pdf.

"[애자일 도입사례] 아브락사스의 애자일 실패 사례." 트렌비 기술 블로그. Last Modified Dec 31, 2019, Accessed Jan 1, 2021, http://tech.trenbe.com/?p=561.

COLLABNET VERSIONONE. 13th Annual State of Agile Report (2019):12, https://www.

duxdiligens.com/wp-content/uploads/2019/09/13th-annual-state-of-agile-report_7_
May_2019.pdf.

"Manifesto for Agile Software Development." Agile Manifesto. Last Modified 2001,
Accessed Jan 1, 2021, https://agilemanifesto.org.

"The Spotify model: agile at scale in a Swedish success story." Linkedin. Last Modified
Dec 27, 2018, Accessed Jan 1, 2021, https://www.linkedin.com/pulse/spotify-model-
agile-scale-swedish-success-story-david-machiels-pmp-.

"Are you a Chess Master or a Gardener?" The Leadership Thread. Last Modified May 20,
2017, Accessed Jan 1, 2021, http://theleadershipthread.weebly.com/home/are-you-a-
chess-master-or-a-gardener.

Ellen Langer. "The Mindlessness of Ostensibly Thoughtful Action: The Role of Placebic
Information in Interpersonal Interaction." Journal of Personality and Social Psychology.
1978, Vol. 36, No. 6, 635-642, https://jamesclear.com/wp-content/uploads/2015/03/
copy-machine-study-ellen-langer.pdf.

"Overtime: How to Lose Your Employees and Kill Your Business." Jason Lengstorf Blog.
Accessed Jan 1, 2021, https://lengstorf.com/overtime-hurts-productivity.

"Maker vs. Manager: How To Schedule For Your Productivity Style." Trello. Last Modified
Aug 16, 2016, Accessed Jan 1, 2021, https://blog.trello.com/maker-vs-manager-
productivity.

"On the Cusp of Adulthood and Facing an Uncertain Future: What We Know About Gen
Z So Far." Few Research Center. Last Modified May 14, 2020, Accessed Jan 1, 2021,
https://www.pewsocialtrends.org/essay/on-the-cusp-of-adulthood-and-facing-an-
uncertain-future-what-we-know-about-gen-z-so-far.

"Usage statistics of content languages for websites." W3Techs. Last Modified Apr 27,
2021, Accessed Jan 1, 2021, https://w3techs.com/technologies/overview/content_
language.

Change is more like adding milk to coffee." Niels Pflaeging Blog. Last Modified Mar 7,
2018, Accessed Jan 1, 2021, https://medium.com/@NielsPflaeging/change-is-more-
like-adding-milk-to-coffee-b6498a3aa708.